Schnellanleitung

W0192046

Bios
optimal einstellen

Wolfram Gieseke

DATA BECKER

Copyright	© 2003 by DATA BECKER GmbH & Co. KG Merowingerstr. 30 40223 Düsseldorf
	1. Auflage 2003
E-Mail	buch@databecker.de
Reihenkonzeption	Marc-André Petermann
Produktmanagement	Silvia Dreger
Umschlaggestaltung	Inhouse-Agentur DATA BECKER
Textbearbeitung und Gestaltung	Astrid Stähr (astaehr@gmx.de)
Produktionsleitung	Claudia Lötschert (cloetschert@databecker.de)
Druck	Stige S. p. A., Turin

Alle Rechte vorbehalten. Kein Teil dieses Buches darf in irgendeiner Form (Druck, Fotokopie oder einem anderen Verfahren) ohne schriftliche Genehmigung der DATA BECKER GmbH & Co. KG reproduziert oder unter Verwendung elektronischer Systeme verarbeitet, vervielfältigt oder verbreitet werden.

ISBN 3-8158-2415-X

Wichtiger Hinweis

Die in diesem Buch wiedergegebenen Verfahren und Programme werden ohne Rücksicht auf die Patentlage mitgeteilt. Sie sind für Amateur- und Lehrzwecke bestimmt.

Alle technischen Angaben und Programme in diesem Buch wurden vom Autor mit größter Sorgfalt erarbeitet bzw. zusammengestellt und unter Einschaltung wirksamer Kontrollmaßnahmen reproduziert. Trotzdem sind Fehler nicht ganz auszuschließen. DATA BECKER sieht sich deshalb gezwungen, darauf hinzuweisen, dass weder eine Garantie noch die juristische Verantwortung oder irgendeine Haftung für Folgen, die auf fehlerhafte Angaben zurückgehen, übernommen werden kann. Für die Mitteilung eventueller Fehler ist der Autor jederzeit dankbar.

Wir weisen darauf hin, dass die im Buch verwendeten Soft- und Hardwarebezeichnungen und Markennamen der jeweiligen Firmen im Allgemeinen warenzeichen-, marken- oder patentrechtlichem Schutz unterliegen.

Lust auf mehr?

Profitieren Sie von unserem Service-Angebot!

Jeden Monat per Post!

Unser attraktives Kundenmagazin mit

✔ Buch- & Software-Neuheiten
✔ Workshops, Tipps & Aktionen
✔ Exklusiven Angeboten u.v.m.

Gratis-Abo unter: www.databecker.de/news

Jeden Tag persönlich!

Unser Gratis-Service für registrierte Kunden

✔ Freier Zugang zu allen Downloads, Foren & Co.
✔ Aktuelle Infos über kostenlose Updates und Patches
✔ Teilnahme an der Jahresverlosung wertvoller Preise

Registrierung unter: www.databecker.de/registrierung

Jede Woche per E-Mail!

Unser topaktueller Newsletter

✔ Alle Neuerscheinungen
✔ Großer Schnäppchenmarkt
✔ Gewinnspiele, Tipps u.v.m.

Gratis-Abo unter: www.databecker.de/news

Inhaltsverzeichnis

1. Der Weg ins BIOS

Das Basic Input Output System, kurz BIOS, ist das grundlegende Softwaresystem jedes PCs. Es steuert alle Ein- und Ausgabefunktionen sowie den Transport der Bits und Bytes zwischen den verschiedenen Komponenten wie Prozessor, Arbeitsspeicher und Grafikkarte. Außerdem stellt es die Zugriffsmöglichkeiten auf diese Komponenten für das eigentliche Betriebssystem (z. B. Windows) bereit. Ohne BIOS geht in einem PC also gar nichts, auch wenn man es als Anwender häufig erst auf den zweiten Blick bemerkt.

Wie funktioniert das BIOS genau?

Das BIOS ist im Prinzip ein Softwareprogramm wie jedes andere auch. Allerdings ist es sehr hardwarespezifisch gestaltet, sodass man nicht ohne weiteres jedes BIOS auf jedem PC installieren kann. Ein weiterer Unterschied zu einem herkömmlichen Computerprogramm liegt darin, dass das BIOS nicht wie andere Anwendungen von einer Festplatte geladen wird. Da das BIOS unter anderem gerade für den Zugriff auf die Festplatte verantwortlich ist, wäre dies auch gar nicht möglich. Deshalb befindet sich das BIOS auf einem speziellen Speicherbaustein, der es auch im abgeschalteten Zustand bewahrt und von dem es beim Einschalten des PCs direkt ausgeführt werden kann.

Welches BIOS verwendet der PC?

Jedes PC-Modell hat sein eigenes BIOS, das speziell auf seine Hardwareausstattung zugeschnitten ist. Die Unterschiede liegen allerdings häufig nur in kleinen Details. Es gibt drei Hersteller, die BIOS-Software anbieten: Die Firma Phoenix vertreibt ihr eigenes Phoenix-BIOS sowie das Award-BIOS eines aufgekauften Konkurrenten. Ebenfalls recht häufig findet man das AMI-BIOS von American Megatrends. Eher im Großkundenbereich ist außerdem die Firma Microid Research mit ihrem MR-BIOS tätig. In fast jedem PC finden Sie ein BIOS, das auf einem dieser Produkte basiert. Ausnahmen sind spezielle PCs sowie Notebooks, wo die Hersteller häufig eigene BIOS-Entwicklungen einsetzen. Aber auch die Standard-BIOS der großen drei müssen von den PC-Herstellern noch angepasst und optimal auf die Hardware jedes Produkts abgestimmt werden, sodass eben wirklich jedes PC-Modell sein ganz eigenes BIOS bekommt.

Wenn der PC nur noch piepst

Wenn es mit dem PC ernsthafte Probleme gibt, kommen Sie unter Umständen nicht mal bis ins BIOS. Bei schwer wiegenden Störungen kann es passieren, dass die Bildschirmanzeige ausbleibt und der PC stattdessen nur noch Piepstöne von sich gibt. Dann gilt es, genau hinzuhören, denn die Töne sind Fehlermeldungen, mit denen sich das BIOS bemerkbar macht. Was diese Fehlermeldungen bedeuten, beschreiben wir in Kapitel 7 am Ende dieses Buchs ausführlicher.

Die BIOS-Version beim Systemstart erkennen

Wenn Sie sich mit den BIOS-Einstellungen Ihres PCs vertraut machen wollen, müssen Sie zunächst beachten, welche BIOS-Version er verwendet. Das erfahren Sie am schnellsten auf dem Startbildschirm Ihres PCs.

Monitor rechtzeitig starten

Der BIOS-Start läuft bei modernen PCs sehr zügig ab. Wenn Ihr Monitor nach dem Einschalten einige Sekunden braucht, bis ein Bild sichtbar ist, haben Sie das Wesentliche schon verpasst. Deshalb sollten Sie den Monitor schon kurz vor dem PC selbst starten. Auch wenn Sie bei laufendem PC einen Neustart durchführen, ist der Monitor schon warm gelaufen und zeigt die Startmeldungen an. Wenn sich Ihr Monitor im Stromsparmodus erst einschaltet, wenn ein Bildsignal vorliegt, hilft meistens die (Pause)-Taste weiter (siehe im Folgenden).

1 BIOS-Hersteller und -Version lassen sich am einfachsten direkt beim Systemstart ermitteln. Da das BIOS

```
Award Modular BIOS v6.00PG
Copyright (C) 1984-99, Award Software, Inc.
```

die Grundlage für den Betrieb des PCs bildet, wird es als Erstes gestartet und meldet sich auch als Erstes auf dem Bildschirm. Dabei sehen Sie ganz oben eine Meldung mit Name und Versionsnummer des BIOS-Systems (z. B. *Award Modular BIOS v6.00PG*).

2 Darunter folgt in den meisten Fällen eine genauere Angabe zu der vom PC-Hersteller verwendeten speziellen Variante dieses BIOS-Systems.

```
W6323F1 V1.2 063000
```

3 Darunter folgen schließlich spezielle Module des BIOS einschließlich wiederum

```
Award Plug and Play BIOS Extension v1.0A
Copyright (C) 1999, Award Software, Inc.
```

einer Versionsnummer. Dadurch sind ggf. spezielle Fähigkeiten des BIOS zu erkennen.

4 Am unteren Bildschirmrand finden Sie schließlich eine längere Zeichenfolge, die das in Ihrem

```
06/30/2001-694X-686A-6A6LJM4BC-00
```

PC eingesetzte Mainboard nebst BIOS eindeutig beschreibt. Sie ist (abgesehen vom Datum am Anfang) nicht besonders aussagekräftig. Wenn Sie die exakte BIOS-Variante zweifelsfrei feststellen müssen, um spezifische Probleme dieses Modells zu lösen oder ein

BIOS-Update durchzuführen, ist diese Angabe aber die zuverlässigste (mehr zu BIOS-Updates in Kapitel 5).

Tipp

Den Startbildschirm einfrieren

Die beschriebenen Angaben huschen meist recht schnell über den Bildschirm, sodass man sie auf Anhieb kaum erkennen kann. Sie können den Startbildschirm aber bei fast allen PCs einfrieren, indem Sie die (Pause)-Taste drücken. Diese befindet sich bei den meisten Tastaturen ganz oben über den Pfeiltasten, in Nachbarschaft zu (Druck) und (Rollen). Dadurch wird der gesamte PC einfach angehalten, und auch der Bildschirm bleibt stehen. Um den Rechner weiterlaufen zu lassen, drücken Sie anschließend eine beliebige Taste. Das Ganze können Sie während des Startvorgangs beliebig oft machen und so alle Phasen ganz genau verfolgen.

Mein BIOS sieht ganz anders aus!

Bei dem abgebildeten System handelt es sich um ein Award-BIOS. Andere BIOS-Systeme sehen auch etwas anders aus. Leider haben es die PC-Hersteller in der Hand, die eingebauten BIOS-Versionen weitestgehend an ihre eigenen Vorstellungen anzupassen. Dadurch könnte sogar ein Award-BIOS etwas anders als das hier abgebildete aussehen. Am Grundprinzip, dass direkt beim Systemstart BIOS-Hersteller und -Version ausgegeben werden, dürfte aber in den seltensten Fällen gerüttelt werden. Trotz optischer Differenzen sind die inhaltlichen Unterschiede zwischen den verschiedenen Herstellern und Versionen aber meist nur gering. Man kann auch nicht sagen, dass ein BIOS-System besser als das andere wäre. Es gibt einfach nur mehrere Anbieter für den gleichen Markt, deren Produkte die gleiche Aufgabe erfüllen, aber eben teilweise ein wenig anders aussehen und funktionieren. Wir werden uns in diesem Buch weiterhin am Award-BIOS orientieren, weil dieses das meistverbreitete ist und insbesondere in den beliebten PC-Komplettsystemen sehr häufig eingesetzt wird. Allerdings weisen wir – wo nötig – auf Unterschiede zu anderen BIOS-Systemen hin und nennen die alternativen Bezeichnungen und Funktionen.

Info

Spezielle BIOS-Versionen für Notebooks

In den meisten Notebooks werden keine der Standard-BIOS-Systeme verwendet, sondern spezielle BIOS-Versionen der Notebook-Hersteller. Das liegt daran, dass in Notebooks sehr spezielle Hardware eingesetzt wird, die ein Standard-BIOS nicht unterstützt. Außerdem sind Notebooks speziell auf Stromsparen und mobile Zusatzfunktionen ausgerichtet, sodass die Hersteller lieber gleich eigene BIOS-Systeme entwickeln, anstatt die Standardsysteme aufwendig anzupassen. Notebook-BIOS sehen deshalb oftmals erheblich anders aus. Außerdem haben sie meist wesentlich weniger Einstellungsmöglichkeiten als das BIOS eines Standard-PCs. Wenn Sie ein solches Notebook mit Spezial-BIOS verwenden, sollten Sie die BIOS-Einstellungen unbedingt im Handbuch des Notebooks nachlesen.

So kommen Sie ins BIOS-Setup

Das BIOS erledigt seine Arbeit normalerweise ganz unauffällig im Hintergrund. Wenn Sie die Einstellungen des BIOS einsehen oder verändern bzw. bestimmte BIOS-Funktionen ausführen lassen wollen, müssen Sie also zunächst Zugang erlangen. Dies geht nur beim Start des PCs, wenn das BIOS aktiviert wird. Wird erst einmal das reguläre Betriebssystem (z. B. Windows) geladen, führt in der Regel kein Weg mehr in die BIOS-Konfiguration. Deshalb ist es wichtig, den richtigen Zeitpunkt während des Startvorgangs zu erwischen.

Tipp

Fehlermeldungen beim BIOS-Start

Während das BIOS seine Aufgaben erfüllt und die Komponenten des PCs nacheinander aktiviert, kann es zu verschiedenen Fehlern kommen, die zu Meldungen auf dem Bildschirm führen. Manche davon sind harmlos und können ignoriert bzw. leicht behoben werden. Andere weisen auf schwerwiegendere Probleme hin. In Kapitel 7 beschäftigen wir uns ausführlicher mit solchen Fehlermeldungen und geben konkrete Beispiele und Lösungsmöglichkeiten.

1 Beim Einschalten des PCs oder bei einem Neustart wird das BIOS automatisch geladen und aktiviert. Dabei führt es eine Reihe von Funktionen aus, wie z. B. einen Selbsttest (POST genannt – **P**ower **O**n **S**elf **T**est), einen Test des eingebauten Arbeitsspeichers oder z. B. eine automatische Erkennung der eingebauten Festplattenlaufwerke.

2 Während dieser Phase können Sie die Arbeit des BIOS am Bildschirm verfolgen. Neben den vorangehend beschriebenen Ausgaben zur BIOS-Version werden z. B. auch

```
Detecting IDE drives ...

    Primary Master  : WDC WD307AA-00BAA0 10.09K11
    Primary Slave   : WDC WD307AA-00BAA0 10.09K11
  Secondary Master  : ATAPI CDROM 48X V130Y
  Secondary Slave   : 24x10 P.MJ
```

die Ergebnisse des Speichertests oder der automatischen Plattenerkennung am Bildschirm ausgegeben.

3 Zu diesem Zeitpunkt ist der Zugang zu den BIOS-Einstellungen möglich. Die meisten BIOS geben deshalb während dieser Phase auch die Meldung *Press Del to enter Setup* aus.

```
Press DEL to enter SETUP
```

4 Damit ist die Taste ⌊Entf⌋ gemeint bzw. auf nicht deutschen Tastaturen eben die Taste ⌊Del⌋. Diese Taste muss gedrückt werden, damit der Zugang ins BIOS ermöglicht wird. Allerdings muss dies unbedingt während dieser nur wenige Sekunden dauernden Phase geschehen, solange die entsprechende Meldung auf dem Bildschirm steht.

5 Wenn alles geklappt hat, sehen Sie dann das Haupt-menü der BIOS-Einstellun-gen auf dem Bildschirm und können loslegen. Eventuell ist der Zugang zum BIOS mit einem Passwort geschützt, das Sie hoffentlich kennen. Andernfalls lesen Sie im nachfolgenden Abschnitt, was es mit den BIOS-Pass-wörtern auf sich hat.

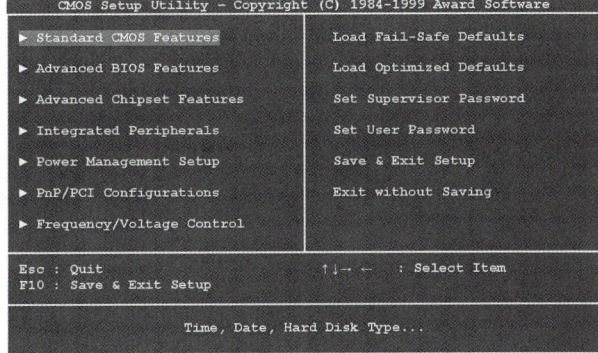

```
        CMOS Setup Utility - Copyright (C) 1984-1999 Award Software

  ► Standard CMOS Features          Load Fail-Safe Defaults

  ► Advanced BIOS Features          Load Optimized Defaults

  ► Advanced Chipset Features       Set Supervisor Password

  ► Integrated Peripherals          Set User Password

  ► Power Management Setup           Save & Exit Setup

  ► PnP/PCI Configurations          Exit without Saving

  ► Frequency/Voltage Control

  Esc : Quit                                ↑↓→ ←   : Select Item
  F10 : Save & Exit Setup

                      Time, Date, Hard Disk Type...
```

Logo statt BIOS-Meldungen?

Bei manchen PCs wird während des Startvorgangs ein Logo des Herstellers angezeicht, das die Anzeige der BIOS-Daten überdeckt. Das ist ärgerlich, kann aber in den meisten Fällen leicht behoben werden. Drücken Sie die Taste ⌊Esc⌋, sobald das Logo auf dem Bildschirm sichtbar ist. In den meisten Fällen verschwindet das Logo dann und macht für die BIOS-Startmeldungen Platz. Allerdings müssen Sie sich mit dem nächsten Tastend-ruck (z. B. ⌊Entf⌋ für die BIOS-Einstellungen) dann schon beeilen, da insgesamt nur weni-ge Sekunden Zeit bleiben. Wenn das Logo trotz ⌊Esc⌋ nicht verschwindet, drücken Sie einfach so auf Verdacht ⌊Entf⌋.

Es muss nicht immer die Entf-Taste sein

Die ⌊Entf⌋-Taste bewirkt in 90 % der Fälle den gewünschten Effekt und bringt Sie in die BIOS-Einstellungen. Bei älteren BIOS-Varianten oder bei speziellen BIOS-Versionen funk-tioniert sie allerdings nicht. Dann muss einfach eine andere Taste gedrückt werden, die in der Regel auf dem Bildschirm angegeben wird.

Die folgende Tabelle gibt außerdem an, welche Tasten bzw. Tastenkombinationen bei den verschiedenen BIOS- und PC-Herstellern Erfolg versprechend getestet werden soll-ten.

Hersteller	Tasten bzw. Tastenkombinationen
AMI	[Entf], [F1]
Compaq	[F10]
DELL	Reset-Schalter, [Alt]+[Enter]
Gateway	[F1]
NEC	[F2]
Olivetti	[Umschalt]+[Entf], [Alt]+[Entf], [Strg]+[Entf]
Phoenix bzw. Award	[Entf], [Strg]+[Alt]+[Esc], [Strg]+[Alt]+[S], [F2]
Tandon	[Strg]+[Umschalt]+[Esc]
Toshiba	[Esc], [F1]
Vobis	[Strg]+[Alt]+[Esc]
Zenith	[Strg]+[Alt]+[Einfg]

Tipp

Die richtige Tastenkombination ermitteln

Wenn keine der angegebenen Tastenkombinationen funktioniert und die Startmeldung des BIOS auch nicht die richtige Taste verrät, gibt es einen Trick, der in vielen Fällen hilft. Drücken Sie schon vor dem Einschalten des PCs eine Taste und halten Sie diese während des gesamten Startvorgangs gedrückt. In der Regel interpretiert der PC dies als einen Fehler der Tastatur und gibt eine Fehlermeldung aus. Diese Meldung bietet meist die Möglichkeiten, den Fehler zu ignorieren und mit dem Start fortzufahren oder in die BIOS-Einstellungen zu wechseln, um den Fehler zu korrigieren. Wählen Sie hier die zweite Möglichkeit, um ins BIOS zu gelangen. Es klappt leider nicht immer, ist aber allemal einen Versuch wert.

BIOS und PC durch Passwörter schützen

Beim Einstieg in das BIOS-Setup werden Sie möglicherweise mit der Meldung *Enter Password* nach einem Zugangspasswort gefragt. Das BIOS bietet unter anderem grundlegende Sicherheitsfunktionen für Ihren PC. So kann es den Zugang zum Rechner durch ein Passwort schützen, das direkt beim Rechnerstart abgefragt wird. Eine raffinierte Benutzerverwaltung mit verschiedenen Benutzern, Passwörtern und entsprechenden Rechten darf man dabei nicht erwarten. Dafür greift diese Schutzmaßnahme des BIOS schon, bevor der Zugriff auf irgendwelche Daten des PCs möglich ist, und sollte deshalb nicht unterschätzt werden.

Info

Passwort für User und Supervisor

Die meisten BIOS-Versionen unterscheiden zwei Passwörter, die verschieden gewählt werden können und sollten. Das User-Passwort ist für den oder die Benutzer gedacht. Es wird bei jedem Start des PCs abgefragt. Nur wer dieses Passwort kennt, kann den Rechner bzw. dann das Betriebssystem starten lassen. Das Supervisor-Passwort hingegen wird nur abgefragt, wenn das BIOS-Setup aufgerufen wird. Es soll verhindern, dass Laien oder Unbefugte Änderungen an den kritischen BIOS-Einstellungen vornehmen können. Das Supervisor-Passwort muss nicht unbedingt jeder Benutzer kennen, sondern nur derjenige, der für die BIOS-Einstellungen zuständig und kompetent ist. Über eine spezielle BIOS-Option kann gesteuert werden, ob und welches der Passwörter abgefragt werden soll.

Festlegen der Benutzer- und Supervisor-Passwörter

Damit der PC per Passwort gesichert werden kann, müssen Sie die entsprechenden Passwörter zunächst festlegen. Das geschieht selbstredend im BIOS selbst.

1 Wählen Sie im BIOS-Hauptmenü den Menüpunkt *Set Supervisor Password* (bei manchen BIOS-Versionen auch *Change Supervisor Password* oder einfach nur *Supervisor Password*).

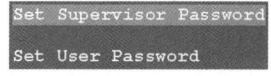

2 Daraufhin wird das Eingabefeld *Enter Password* angezeigt, in das Sie das Passwort eingeben können, mit dem der Zugang zu den BIOS-Einstellungen geschützt werden

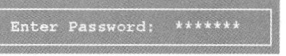

soll. Geben Sie das Passwort ein und bestätigen Sie es mit [Enter]. Wie bei Passwörtern üblich, werden statt der eingetippten Zeichen nur Sternchen (*) angezeigt.

3 Anschließend wird ein zweites Eingabefeld *Confirm Password* angezeigt; hier wiederholen Sie die Eingabe des Passworts, um Tippfehler auszuschließen.

Info

Englische Tastaturbelegung beim Passwort beachten

Auch beim Eingeben des Passworts müssen Sie daran denken, dass Ihre Tastatur während der BIOS-Einstellungen mit den englischen Zeichen belegt ist. [Y] und [Z] sind also vertauscht, und viele der Satzzeichen befinden sich nicht an der gewohnten Stelle. Das ist nicht weiter schlimm, nur wenn Sie z. B. die Tastatur von einer englischen auf eine deutsche wechseln, müssen Sie bei der Passworteingabe trotzdem die gleichen Tasten drücken, auch wenn Sie dann womöglich anders beschriftet sind.

4 Wiederholen Sie diesen Vorgang anschließend noch einmal unter dem Menüpunkt *Set User Password* (auch *Change
User Password* oder einfach nur *User Password*), um ein Pass-
wort festzulegen, mit dem der Zugang zum Rechner für alle Benutzer beschränkt werden
soll. Sie können hier das gleiche Passwort oder auch ein anderes verwenden.

Festlegen des Modus der Passwortabfrage

Wenn es mehrere Passwörter gibt, können Sie in der Regel auch einstellen, welches Passwort abgefragt werden soll. So kann es in einem Betrieb oder bei PCs in öffentlich zu-
gänglichen Räumen z. B. sinnvoll sein, nur das Supervisor-Passwort zu benutzen, um das
BIOS vor dem Zugriff durch Laien zu schützen. Eine spezielles User-Passwort, das dann
ohnehin vielen bekannt sein müsste, würde hier wenig Sinn machen. Will man einen
persönlichen PC zu Hause oder im Büro hingegen generell vor fremdem Zugriff schützen,
sollte ein User-Passwort verwendet werden, dass bei jedem Start abgefragt wird.

1 Um die Passwortabfrage durch das BIOS zu steuern,
wechseln Sie im BIOS-Hauptmenü in das Untermenü
Advanced BIOS Features (auch *BIOS Features Setup* oder *Advanced CMOS Setup*).

2 Hier finden Sie den Menüpunkt *Security Opti-*
on, mit dem sich die Passwortabfrage steuern lässt.

3 Mit der Einstellung *Setup* lassen Sie nur das Supervisor-Passwort abfragen, wenn
beim PC-Start das Einstellungsprogramm für das BIOS aktiviert wird.

4 Soll das Benutzerpasswort bei jedem Start des PCs abgefragt werden, wählen Sie
dafür die Option *System*.

5 Speichern Sie anschließend die geänderten BIOS-Einstellungen und starten Sie den
PC neu.

Die Passwortabfrage deaktivieren

Die Passwortabfrage kann auch wieder deaktiviert werden. Dazu müssen Sie lediglich ein „lee-
res" Passwort eingeben. Wiederholen Sie dazu
für das jeweilige Passwort die vorangehend be-
schriebene Prozedur zum Festlegen und drücken Sie im Eingabefeld *Enter Password*
statt der Zeichen einfach [Enter]. Das BIOS-Setup erkennt dann, dass Sie dieses Passwort deaktivieren wollen, und reagiert mit einem entsprechenden Hinweis. Drücken Sie
dann eine beliebige Taste, um den Hinweis auszublenden.

PC und BIOS-Setup mit Passwortschutz starten

Wenn Sie im BIOS Passwörter eingestellt und die Passwortabfrage konfiguriert haben, führt der PC die entsprechenden Abfragen automatisch durch.

1 Wenn die Systemoption für die Passwortabfrage

```
Enter Password:   *****
```

aktiviert ist, hält das System während des Starts an und zeigt auf dem Startbildschirm des PCs ein kleines Fenster *Enter Password* an. Geben Sie hier das Benutzerpasswort (*User Password*) ein. Die eingetippten Zeichen werden als Sternchen dargestellt.

2 Nach der Eingabe des korrekten Passworts setzt das BIOS den regulären PC-Start fort.

3 Sollten Sie sich vertippt haben, wird die Meldung

```
Invalid Password !
Press Any Key to Continue.
```

Invalid Password! Press Any Key to Continue angezeigt. Drücken Sie eine beliebige Taste, um sich die
Passwortabfrage erneut anzeigen zu lassen, und geben Sie dann das korrekte Passwort an. Dies wird so lange fortgesetzt, bis Sie das richtige Passwort eingeben oder den PC ausschalten.

Tipp

Statt Passworteingabe ins BIOS-Setup

Wenn das Passwort beim Systemstart abgefragt wird, wird in der Regel gleichzeitig auch die Meldung *Press DEL to enter Setup angezeigt*. Sie können also, anstatt das Passwort einzugeben, auch (Entf) drücken, um in die BIOS-Einstellungen zu gelangen. Dass kann Sinn machen, wenn Sie zwar das Supervisor-, nicht aber das Benutzerpasswort kennen. Dann können Sie im BIOS das User Password ändern oder die Passwortabfrage anders konfigurieren, um doch Zugang zum PC zu erlangen.

---

1 Der passwortgeschützte Zugang zum BIOS-Setup
läuft ganz genau so wie die Passwortabfrage beim
Systemstart ab. Wenn Sie (Entf) bzw. die entsprechen-

de Taste für Ihre BIOS-Version gedrückt haben, wird das BIOS-Hauptmenü angezeigt. Der Zugang dazu wird allerdings durch das Fenster zur Passwortabfrage versperrt.

2 Geben Sie das Passwort ein, um Zugang zu den BIOS-Einstellungen zu erhalten. Soll-te die Eingabe nicht richtig sein, wird eine Fehlermeldung angezeigt, und Sie können den Vorgang wiederholen. Das setzt sich bis zur korrekten Eingabe oder bis zum Abschal-ten des PCs fort.

Passwort vergessen? – So knacken Sie den Zugangsschutz

Die vom BIOS verwendete Technik des Zugangsschutzes per Passwort bietet nur beschränkte Sicherheit. Das ist eine gute Nachricht für alle, die ihr Kennwort doch mal vergessen haben und von ihrem Rechner ausgesperrt sind. Für alle anderen aber bedeutet es, dass ihre Daten durch das BIOS-Passwort nur bedingt geschützt werden. Die Schutzfunktion kann auf verschiedenen Wegen ausgehebelt werden.

Zurücksetzen der BIOS-Informationen

Viele Hauptplatinen verfügen über eine Reset-Funktion für das BIOS (nicht zu verwechseln mit der Reset-Taste am Gehäuse!). Dabei handelt es sich um eine Schutzfunktion, die den PC unter allen Umständen wieder zum Leben erwecken soll, selbst wenn die BIOS-Einstellungen z. B. durch ein fehlerhaftes Update oder einen technischen Defekt völlig vermurkst sind. Leider ist dies aber auch eine Hintertür, durch die Hacker Zugang zum Rechner erlangen können. Die genaue Umsetzung dieser Reset-Funktion ist je nach Hersteller und Modell unterschiedlich.

> **Tipp**
>
> **Daten vor dem Reset sichern**
>
> Sowohl beim Zurücksetzen der BIOS-Konfiguration per Reset-Funktion als auch beim nachfolgend beschriebenen Ausbau der Speicherbatterie gehen sämtliche (!) BIOS-Einstellungen verloren. Deshalb sollten vor solchen Maßnahmen möglichst alle Konfigurationsdaten festgehalten werden, sofern noch ein Zugriff auf das BIOS möglich ist (siehe auch S. 28). Eventuell hilft dabei eines der in Kapitel 6 vorgestellten Programme. Nach dem Zurücksetzen müssen die Daten manuell eingegeben werden. Ein Backup würde auch die Passwörter zurückbringen.

1 Meist handelt es sich um Steckbrücken oder DIP-Schalter auf der Hauptplatine, die für einen kurzen Zeitraum umgesetzt werden müssen, um das Zurücksetzen zu bewirken. Lesen Sie hierzu unbedingt in der Dokumentation Ihrer Hauptplatine nach, ob eine solche Funktion vorhanden ist und wie sie genutzt werden kann.

2 Sollte Sie über keinerlei Dokumentation verfügen, können Sie auf einer gut beschrifteten Hauptplatine nach einer Steckbrücke oder einem Schalter mit der Beschriftung *Clear CMOS* suchen. Bevor Sie Experimente unternehmen, sollten Sie aber unbedingt die ab S. 28 beschriebenen Vorsichtsmaßnahmen durchführen!

3 Haben Sie die Steckbrücke für die Reset-Funktion lokalisiert, setzen Sie den Jumper für einige Minuten in die erforderliche Position. Bei einem DIP-Schalter betätigen Sie den entsprechenden Schalter. Dadurch wird der CMOS-Speicherbaustein des BIOS von der Stromversorgung getrennt und somit gelöscht.

4 In der Regel müssen Sie den Jumper bzw. Schalter anschließend wieder in die Ausgangsstellung bringen, damit der PC danach starten und das BIOS auf die Werkeinstellungen zurücksetzen kann. In seltenen Fällen ist es erforderlich, den PC einmal in der geänderten Stellung zu starten und erst anschließend die Ausgangsstellung wiederherzustellen.

Entfernen der Speicherbatterie

Damit die BIOS-Konfiguration dauerhaft gespeichert werden kann, benötigt der BIOS-Speicher elektrischen Strom. Wenn der PC abgeschaltet und vom Stromnetz getrennt ist, kommt diese Energie aus einer kleinen Batterie, die sich auf der Hauptplatine befindet (und z. B. auch die interne Uhr des Rechners antreibt). Wenn diese Batterie leer ist, gehen die gespeicherten Informationen verloren, und die BIOS-Konfiguration wird beim nächsten Start auf die Fabrikeinstellungen zurückgesetzt. Das kommt während der durchschnittlichen Lebenszeit eines PCs zwar kaum noch vor, kann aber künstlich erzwungen werden. Daraufhin wird das gesamte BIOS auf die Fabrikeinstellungen ohne Passwortschutz zurückgesetzt, sodass anschließend ein uneingeschränkter Zugang möglich ist.

1 Um dies zu erreichen, müssen Sie das Gehäuse des PCs öffnen, sodass Sie Zugang zur Hauptplatine erlangen. Beachten Sie dabei die üblichen Sicherheitsvorschriften: Trennen Sie vor allem den PC zuvor unbedingt vom Stromnetz und entladen Sie sich vor dem Berühren der elektronischen Komponenten, um Beschädigungen zu vermeiden.

2 Suchen Sie dann auf der Hauptplatine nach der Batterie. Dabei handelt es sich bei neueren PCs in der Regel um eine kleine Knopfzellenbatterie. Ziehen Sie ggf. die Dokumentation Ihrer Hauptplatine bzw. des PCs hinzu, um die Position der Batterie ausfindig zu machen.

3 Hebeln Sie die Knopfzelle vorsichtig aus ihrer Fassung und entnehmen Sie sie. Lassen Sie die Hauptplatine nun eine Weile ohne Stromversorgung ruhen. In der Regel reichen wenige Minuten aus. Spätestens eine halbe Stunde sollte allemal ausreichen.

4 Legen Sie dann die Batterie vorsichtig wieder in die Fassung ein und setzen Sie den Rechner wieder zusammen. Beim anschließenden Start sollte das BIOS mit den Werkeinstellungen und ohne Passwortabfrage starten. Führen Sie dann alle notwendigen Schritte durch, um die vorhergehende BIOS-Konfiguration (abgesehen vom Passwort) wiederherzustellen.

Master-Passwörter für das Supervisor-Kennwort

Die meisten BIOS-Hersteller hinterlassen Hintertüren in ihren Passwortfunktionen, die dazu gedacht sind, Benutzern zu helfen, die ihr Passwort vergessen haben. Dafür gibt es spezielle Master-Passwörter, die vom BIOS immer akzeptiert werden. Eigentlich sollten sie streng geheim bleiben, aber meist sickern sie doch irgendwie durch. Die nachfolgende Tabelle führt einige der gängigsten Master-Passwörter für die wichtigsten BIOS-Versionen auf.

BIOS-Hersteller	Bekannte Passwörter
Award	256256, 589589, 595595, admin, award, award_?, award sw, AWARD?PW, AWARD?SW, award_sw, award_ps, AWCRACK, awkward, AW, aLLy, award.sw, BIOS, bios*, biostar, biosstar, CONCAT, CONDO, CMOSPWD, HEWITT RAND, HLT, helgasss, j256, j64, KILLCMOS, key, KDD, lkw peter, master, master_key, PASSWORD, SER, SW_AWARD, setup, SKY FOX, SKY_FOX, SWITCHES_SW, SZYX, TTPTHA, ?award
AMI	amipswd, ami0, AMISETUP, ami.kez, AMI_SW, AMI, aammii, amiami, A.M.I., ami, AM, amidecod, AMI?SW, AMI!SW, AMI.KEY, AMI~, AMIBIOS, AMIPSWD, AMIDECOD, ami.key, ami°, BIOSPASS, bios310, BIOS, CMOSPWD, HEWITT RAND, HEWITTRAND, helgaß, killcmos, PASSWORD, 589589
Phoenix	BIOS, CMOS, phoenix, PHOENIX

BIOS-Hersteller	Bekannte Passwörter
Biostar	Biostar, Q54arwms
Compaq	Compaq
CTX International	CTS_123
Daewoo	Daewuu
DELL	DELL, Dell
Digital Equipment	komprie
Hewlett-Packard	Hewlpack
IBM	IBM, MBIUO, sertafu, merlin
Micron	sldkj754,xyzall
Micronics	dn_O4rjc
Siemens Nixdorf	SKY_FOX
Toshiba	24Banc81, Toshiba, toshy99

Diese Tabelle umfasst nur einen kleinen Teil der bekannten Master-Passwörter für den BIOS-Zugang. Jedes dieser Passwörter funktioniert nur bei bestimmten BIOS-Versionen des jeweiligen Herstellers. Wenn für Ihr BIOS kein passendes dabei ist, finden Sie im Internet Webseiten mit ausführlicheren Listen (z. B. *http://www.cracking.de/files/bioscodes.txt*).

Programme zum BIOS-Knacken

Es gibt spezielle Programme, mit denen man im BIOS gespeicherte Passwörter auslesen kann. Das hilft zwar nicht, wenn der Rechner ausgeschaltet ist und man keinen Zugriff erhalten kann.

Wenn der Rechner aber läuft, kann man ein solches Programm starten und z. B. das im BIOS gespeicherte Supervisor-Passwort ermitteln. Das ist sehr praktisch, wenn man das Kennwort für die BIOS-Einstellungen vergessen hat. Ein Programm, mit dem man dies machen kann, ist das kostenlose !BIOS, das Sie unter *http://www.11a.nu/ibios.htm* herunterladen können.

1 Die Benutzung von !BIOS ist denkbar einfach. Sie müssen im ersten Schritt lediglich den Hersteller Ihres BIOS auswählen.

1. Der Weg ins BIOS

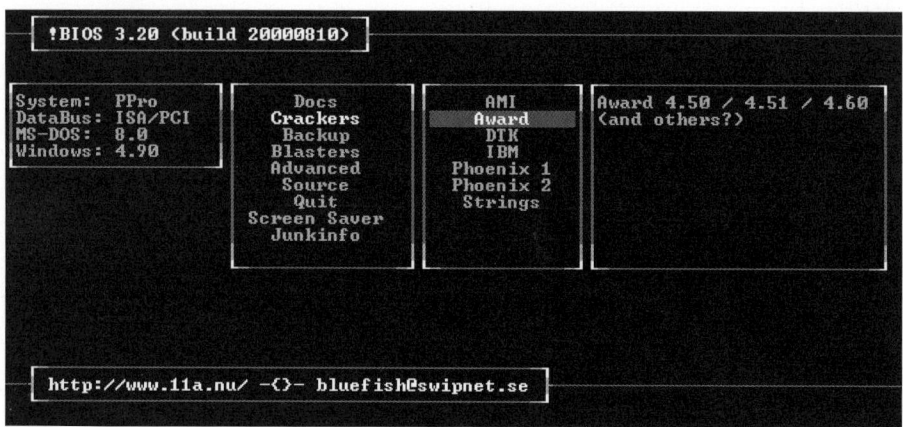

```
!BIOS 3.20 (build 20000810)
```
```
System:  PPro          Docs              AMI      Award 4.50 / 4.51 / 4.60
DataBus: ISA/PCI       Crackers          Award    (and others?)
MS-DOS:  8.0           Backup            DTK
Windows: 4.90          Blasters          IBM
                       Advanced          Phoenix 1
                       Source            Phoenix 2
                       Quit              Strings
                       Screen Saver
                       Junkinfo
```
```
http://www.11a.nu/  -<>-  bluefish@swipnet.se
```

2 Dann präsentiert Ihnen das Programm die für diese BIOS-Version verfügbaren Module. Wählen Sie eines davon aus und lassen Sie es arbeiten. Am besten ist es, hintereinander mehrere oder auch alle verfügbaren Module auszuprobieren, sich die Ergebnisse zu notieren und diese anschließend ebenfalls auszuprobieren.

```
Press  1   in order to crack Supervisor/System passwords
Press  2   in order to crack User passwords
Press  3   in order to crack User passwords (other versions)
Press  4   in order to crack 4.50 masterpasswords
Press  5   in order to crack 4.51/4.60 masterpasswords
Press  6   in order to enter checksum manually
Press Esc  in order to quit
```

3 Jedes der Module liefert entweder ein Passwort als Ergebnis oder gibt eine Fehlermeldung aus, falls es kein Passwort ermitteln konnte.

```
Eleventh Alliance's Award BIOS 4.5X Bruteforcer      oadsodk
                                                     oadsubi
Detecting best startup value...                      oadszzg
Bruteforcing 4000 passwords per screen update!       oadtfxe
                                                     oadtluc
Valid password -> oadxzxw                            oadtrta
                                                     oadtxqy
Please note that since Award uses a hash routine,    oadudow
a very simple form of none reversable encryptions,   oadujmu
we can only find valid password(s), not guess what   oadupks
actually has been typed in.                          oaduviq
(c) 1997-98 Bluefish [11A]                            oadubgo
                                                     oaduhem
                                                     oadunck
                                                     oadutai
                                                     oaduyyg
                                                     oaduewe
                                                     oadukuc
                                                     oaduqsa
```

Info

Passwort oder sinnloses Zeichenwirrwarr?

Bei den so ermittelten Passwörtern handelt es sich meist um wirre Zeichenkombinationen, die nichts mit dem tatsächlichen Kennwort zu tun haben. Passwörter werden im BIOS als Checksumme gespeichert, d. h., aus dem eingegebenen Passwort wird eine Zahl erzeugt. Die Ableitung der Checksumme aus dem Passwort ist eindeutig, d. h., aus einem Passwort kann man nur eine Checksumme ableiten. Umgekehrt ist es aber anders: Es lassen sich aus einer Checksumme verschiedene Passwörter ableiten. Anders gesagt, ganz verschiedene Passwörter können zur gleichen Checksumme führen. Die Passwort-knacker ermitteln die erste Kombination, die zu der im BIOS gespeicherten Checksumme führt. Gibt man diese Kombination ein, ermittelt das BIOS die Checksumme, vergleicht sie mit der gespeicherten Zahl und stellt die Übereinstimmung fest.

Aufbau und Navigation eines typischen BIOS-Konfigurationsprogramms

Das BIOS-Konfigurationsprogramm besteht aus einem Hauptmenü, von dem aus die Untermenüs mit den eigentlichen Einstellungen sowie einige allgemeine Funktionen zugänglich sind. Im Folgenden stellen wir Ihnen die Navigation durch das Hauptmenü sowie die Bedeutung der Untermenüs und die allgemeinen Funktionen zum Steuern des BIOS vor, die Grundlage für alle Änderungen an den BIOS-Einstellungen sind.

Das BIOS mit Hauptmenü

Wenn Sie den Zugang zu den BIOS-Einstellungen Ihres PCs bewältigt haben, gelangen Sie beim klassischen Award-BIOS, wie es in den meisten älteren PCs und auch heute teilweise noch in preiswerten Komplett-PCs eingesetzt wird, automatisch in das BIOS-Hauptmenü. Dabei handelt es sich um ein großes, zwei-

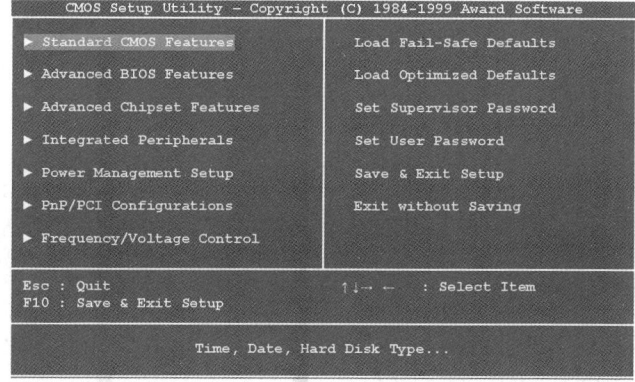

spaltiges Menü. In der linken Hälfte finden Sie Menüeinträge für eine Reihe von Untermenüs vor. Hinter den Menüeinträgen auf der rechten Seite verbergen sich hingegen allgemeine Steuerungsfunktionen, z. B. zum Speichern der Einstellungen und zum Verlassen der BIOS-Einstellungen. Unterhalb des Menüs finden Sie eine Übersicht der Tasten, die Sie in diesem Menü benutzen können, und deren jeweilige Funktion.

Das BIOS mit Menüleiste

Bei neueren PCs trifft man zunehmend auch eine neue Version des Award-BIOS an, die sich vorwiegend optisch unterscheidet. Statt eines Hauptmenüs verwendet sie eine Menüzeile am oberen Bildschirmrand, in der Sie mittels ⊡ und ⊡ eines der Menüs auswählen können, das dann im Hauptfenster angezeigt wird. Diese Variante soll wohl leichter bedienbar sein, weil sie an die Menüleiste einer typischen Windows-Anwendung erinnert. Bei dieser BIOS-Version verteilen sich die vorhandenen Einstellungen auf weniger Menüs, was teilweise etwas unübersichtlicher ist. Prinzipiell wird aber die gleiche Grundstruktur der Einstellungen verwendet, und die Bezeichnungen sind identisch oder zumindest sehr ähnlich.

```
                        AwardBIOS Setup Utility
  Main    Advanced    Power    Boot    Exit

                                            Item Specific Help
  System Time           [140:55:36]
  System Date           [02/14/2002]
  Legacy Diskette A     [1.44M, 3.5 in.]    <Enter> to select field:
  Legacy Diskette B     [None]              <+>,<-> to change value.
  Floppy 3 Mode Support [Disabled]

▶ IDE Primary Master    [30750 MB]
▶ IDE Primary Slave     [None]
▶ IDE Secondary Master  [None]
▶ IDE Secondary Slave   [None]

  Language              [English]
  Supervisor Password   [Disabled]
  User Password         [Disabled]
  Halt On               [All but Disk/Keyboard]
  Installed Memory      128 MB

F1    Help    ↑↓   Select Item  -/+    Change Values    F5    Setup Defaults
ESC   Exit    ←→   Select Menu  Enter  Select ▶ Sub-Menu F10   Save and Exit
```

Navigieren durch die BIOS-Menüs

Im BIOS-Setup-Programm müssen Sie fast immer auf eine Maussteuerung verzichten und stattdessen mit einer einfachen Tastatursteuerung vorlieb nehmen, an die man sich aber schnell gewöhnt.

1 Ähnlich wie bei anderen Menüs auch gibt es jeweils einen ausgewählten Eintrag. Dieser wird farblich bzw. durch Invertierung deutlich hervorgehoben.

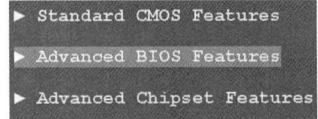

2 Um die Markierung auf einen anderen Menüeintrag zu verschieben, verwenden Sie die Pfeiltasten auf der Tastatur. Damit bewegen Sie sich jeweils einen Schritt nach oben und unten bzw. von der linken in die rechte Fensterhälfte und umgekehrt.

3 Wollen Sie einen der Menüpunkte auswählen, drücken Sie dafür [Enter]. Je nach gewähltem Eintrag öffnen Sie dadurch ein Untermenü mit BIOS-Einstellungen oder rufen eine der Steuerfunktionen auf, die in der Regel ebenfalls zu weiteren Dialogfenstern oder Sicherheitsabfragen führen.

4 Sicherheitsabfragen werden durch Druck auf eine der zur Auswahl stehenden Tasten [Y] oder [N] und ein anschließendes [Enter] beantwortet.

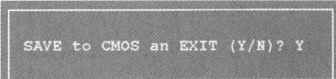

SAVE to CMOS an EXIT (Y/N)? Y

Y und Z vertauscht!!

Im BIOS gibt es keine deutsche Tastaturbelegung (das ist Sache des Betriebssystems). Deshalb gilt die englischsprachige Belegung. Einer der wesentlichen Unterschiede zwischen diesen beiden Tastaturbelegungen spielt für das BIOS leider eine wichtige Rolle: [Y] und [Z] sind vertauscht. Wenn Sie im BIOS das *Y* eingeben wollen, um z. B. die immer wieder vorkommenden Sicherheitsabfragen zu bestätigen, müssen Sie tatsächlich [Z] drücken.

---

5 Ganz wichtig ist schließlich auch die Taste [Esc]. Damit können Sie jederzeit jedes Menü bzw. jeden Dialog im BIOS verlassen. Dabei ist allerdings ein Unterschied zu beachten. Verlassen Sie ein Menü mit [Esc], bleiben die darin vorgenommenen Änderungen erhalten. Beenden Sie einen Dialog wie z. B. die Sicherheitsabfrage mit [Esc], wird dies als „nein" gewertet.

6 Drücken Sie im Hauptmenü [Esc], wird dies als Wunsch gewertet, die BIOS-Einstellungen zu verlassen. Es erfolgt die Sicherheitsabfrage *Quit without Saving (Y/N)?*, die sich darauf bezieht, ob Sie das BIOS ohne eine dauerhafte Veränderung verlassen wollen. Bejahen Sie dies mit [Z] und anschließendem [Enter].

Quit Without Saving (Y/N)?

7 Nach dem Verlassen des BIOS erfolgt grundsätzlich ein kompletter Neustart des Rechners, egal ob Sie Veränderungen vorgenommen haben oder nicht.

PC ausschalten?

Bei Betriebssystemen wie z. B. Windows lernt man richtigerweise, dass man den PC niemals einfach ausschalten darf, sondern stets erst das Betriebssystem „herunterfahren" muss. Im BIOS-Setup ist das etwas anders. Sie können den PC in diesem Modus jederzeit ausschalten. Allerdings werden die zuletzt gemachten Änderungen an den BIOS-Einstellungen dann nicht übernommen, sondern alles bleibt wie beim vorange-gangenen Systemstart. Um veränderte Einstellungen zu übernehmen, müssen Sie diese ausdrücklich speichern (mehr dazu weiter unten in diesem Kapitel).

Die Untermenüs der BIOS-Einstellungen

Jedes BIOS zerlegt die Vielzahl der BIOS-Einstellungen in mehrere Untermenüs, in denen die einzelnen Optionen mehr oder weniger thematisch zusammengefasst werden. Die folgende Tabelle stellt die gängigsten Menübezeichnungen und ihre Bedeutung bei den verbreiteten BIOS-Systemen von Award und AMI gegenüber. So können Sie sich einen allgemeinen Überblick verschaffen, bevor wir in den weiteren Kapiteln auf spezielle BIOS-Einstellungen eingehen.

Award-BIOS	AMI-BIOS	Bedeutung
Standard CMOS Setup Standard CMOS Feature	Standard CMOS Setup	Grundeinstellungen wie Festplatten- und Diskettenlaufwerke, Uhrzeit, Datum, Grafikkarte, Fehlerbehandlung.
BIOS Features Setup Advanced BIOS Features	Advanced CMOS Setup	Speziellere BIOS-Einstellungen wie Boot reihenfolge, Cache- und Prozessoreinstel-lungen, Tastatur, Speicher.
Chipset Features Setup Advanced Chipset Features Onboard-Komponenten.	Advanced Chipset Setup	Einstellungen des Chipsatzes wie Spei-cherzyklen, AGP- und PCI-Optionen,
Integrated Peripherals	Peripheral Setup	Steuerung der Kommunikation mit ange-schlossenen Geräten wie Festplatten, Parallelport usw.
Power Management Setup	Power Management BIOS Setup	Alle Optionen rund um die Stromspar-funktionen des PCs.
PNP and PCI Setup PnP/ PCI Configurations	PCI/Plug & Play Setup	Verteilung der Systemressourcen für Er-weiterungskarten wie IRQs und DMA.
CPU Soft Menu Frequency /Voltage Control	Soft Menu Setup	Einstellungen zu Taktfrequenz und Be-triebsspannung des Prozessors.

Die wichtigsten Steuerungsfunktionen des BIOS-Setup

Neben den Menüs mit den BIOS-Einstellungen finden sich im Hauptmenü auf der rech-ten Seite einige Grundfunktionen zur Steuerung des BIOS-Setup.

Auch diese wollen wir mit ihren unterschiedlichen Bezeichnungen bei verschiedenen BIOS-Versionen kurz im Überblick vorstellen, damit Sie sich in den folgenden Anleitungen problemlos orientieren können. Auf alle hier erwähnten Funktionen kommen wir auf den folgenden Seiten noch ausführlicher zu sprechen.

Award-BIOS	AMI-BIOS	Bedeutung
Load BIOS Defaults Load Fail-Safe Defaults	Autoconfiguration with FailSafe Settings	Setzt die BIOS-Einstellungen auf konservative Standardeinstellungen zurück, die immer funktionieren sollten.
Load Setup Defaults Load Optimized Defaults	Autoconfiguration with Optimal Settings	Setzt die BIOS-Einstellungen auf Optimaleinstellungen zurück, mit denen der PC gut funktionieren sollte.
Supervisor Password Set Supervisor Password	Change Supervisor Password	Festlegen eines Passworts für den Zugang zum BIOS-Setup.
User Password Set User Password	Change User Password	Festlegen eines Passworts für den Zugang zum PC.
Save & Exit Setup	Save Settings and Exit	Verlassen des BIOS-Setup mit Speichern der Änderungen.
Exit Without Saving	Exit Without Saving	Verlassen des BIOS-Setup ohne Speichern der Änderungen.

Bearbeiten von BIOS-Einstellungen

Das BIOS-Setup besteht im Grunde genommen aus einer Vielzahl von einzelnen Optionen, mit denen sich die verschiedenen Einstellungen und Funktionen steuern lassen.

Die prinzipielle Vorgehensweise ist dabei stets die gleiche, deshalb wollen wir sie an dieser Stelle einmal etwas ausführlicher vorstellen, sodass wir uns in den folgenden Kapiteln mehr auf die Bedeutung und die Auswirkungen der verschiedenen Optionen konzentrieren können.

1 Die einzelnen BIOS-Einstellungen befinden sich in den Untermenüs, in die Sie vom Hauptmenü aus gelangen. Wenn Sie ein solches Untermenü öffnen, finden Sie auf der linken Seite eine mehr oder weniger lange Liste mit Optionen. Die rechte Seite ist für den Help-Bereich reserviert, in dem Sie Erläuterungen und Hilfestellungen zu den einzelnen Optionen finden.

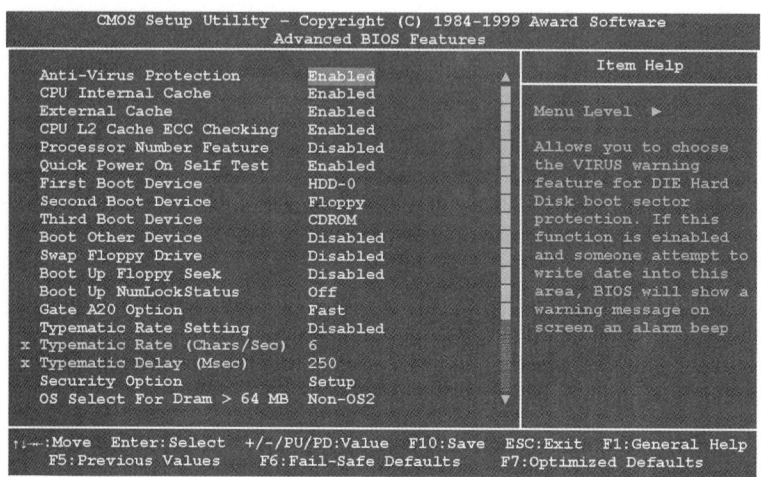

```
           CMOS Setup Utility - Copyright (C) 1984-1999 Award Software
                          Advanced BIOS Features
                                                        Item Help
    Anti-Virus Protection        Enabled          ▲
    CPU Internal Cache           Enabled
    External Cache               Enabled             Menu Level  ▶
    CPU L2 Cache ECC Checking     Enabled
    Processor Number Feature     Disabled            Allows you to choose
    Quick Power On Self Test     Enabled             the VIRUS warning
    First Boot Device            HDD-0               feature for DIE Hard
    Second Boot Device           Floppy              Disk boot sector
    Third Boot Device            CDROM               protection. If this
    Boot Other Device            Disabled            function is einabled
    Swap Floppy Drive            Disabled            and someone attempt to
    Boot Up Floppy Seek          Disabled            write date into this
    Boot Up NumLockStatus        Off                 area, BIOS will show a
    Gate A20 Option              Fast                warning message on
    Typematic Rate Setting       Disabled            screen an alarm beep
  x Typematic Rate (Chars/Sec)   6
  x Typematic Delay (Msec)       250
    Security Option              Setup
    OS Select For Dram > 64 MB   Non-OS2          ▼

 ↑↓←→:Move  Enter:Select  +/-/PU/PD:Value  F10:Save  ESC:Exit  F1:General Help
     F5:Previous Values    F6:Fail-Safe Defaults    F7:Optimized Defaults
```

2 Durch die Optionen können Sie sich genau wie im Hauptmenü mithilfe der Pfeiltasten nach oben und nach unten bewegen. Auch hier wird

```
CPU L2 Cache ECC Checking    Enabled
Processor Number Feature     Enabled
Quick Power On Self Test     Enabled
```

die jeweils ausgewählte Option farblich bzw. durch Invertierung hervorgehoben, und Sie verschieben diese Markierung mit den Pfeiltasten.

3 Achten Sie in den Menüs auf die Laufleiste rechts von den Optionen. Wenn eine angezeigt wird, bedeutet dies, dass nicht alle Optionen auf einmal auf den Bildschirm passen. Dann können Sie mit ⬇ die Liste so weit nach unten verschieben, dass auch die unteren Optionen sichtbar werden. Die hellen und dunklen Bereiche der Laufleiste zeigen Ihnen die relative Position in der Liste an.

4 Auch innerhalb der Einstellungsmenüs gibt es vereinzelt weitere Untermenüs. Diese erkennen Sie

```
▶ Power Management        Press Enter
```

an dem Pfeilsymbol links vor dem Namen der Option sowie an dem Text *Press Enter* anstelle des eigentlichen Eigenschaftswerts. In diesem Fall drücken Sie wie bei allen Menüs die Taste Enter, um das Untermenü zu öffnen.

5 Um eine Einstellung direkt zu verändern, verwenden Sie normalerweise die Tasten Bild↑ und Bild↓. Bei manchen BIOS-Programmen nimmt man Änderungen aber auch durch Verwendung der Tasten + und - auf der numerischen Tastatur vor. Dann wechseln Sie jeweils zum nächsten bzw. vorherigen Wert dieser Einstellung. Beim letzten Wert ist allerdings nicht Schluss, sondern ein weiterer Tastendruck führt dann wieder zum ersten Wert usw.

6 Sie können sich auch eine Übersicht der für die-se Option verfügbaren Einstellungen verschaffen. Markieren Sie dazu die gewünschte Option und drücken Sie (Enter). Das Setup-Programm öffnet dann dort ein Fenster mit einer Liste der Einstel-lungsmöglichkeiten, wo der aktuelle Wert markiert ist. Diese Markierung können Sie mit den Pfeiltasten nach oben und nach unten verschieben und den

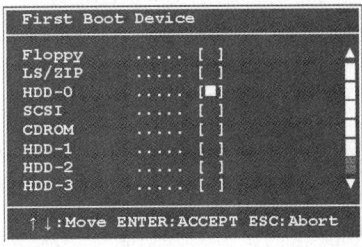

neuen Wert schließlich mit einem erneuten (Enter) übernehmen. Mit (Esc) brechen Sie die Auswahl ab und belassen es beim alten Wert für diese Option.

7 Um ein Untermenü zu verlassen, drücken Sie die Taste (Esc). Dabei spielt es keine Rolle, ob Sie in diesem Menü Änderungen vorgenommen haben oder nicht. Die Eigen-schaften des Menüs werden zunächst genau so übernommen, wie sie im Moment des Verlassens eingestellt sind. Um geänderte BIOS-Einstellungen endgültig zu speichern, ist ein weiterer Schritt notwendig, auf den wir im nachfolgenden Abschnitt zu sprechen kommen.

Informationen und Hilfe zu einzelnen Einstellungen anfordern

Die BIOS-Einstellungen bestehen in der Regel aus einer Vielzahl von Optionen mit tech-nischen Beschreibungen, die für Laien mehr oder weniger nichts sagend sind. Selbst wenn dem PC ein Handbuch beiliegt, ist das Technik-Kauderwelsch darin meist nicht wirklich hilfreich. So kann man selbst mit ausreichenden Englischkenntnissen oftmals höchstens erahnen, worauf sich eine Option nun genau bezieht. Die für Stabilität und Performance wichtigsten Einstellungen stellen wir in den folgenden Kapiteln ausführli-cher vor. Darüber hinaus können Sie bei den meisten BIOS-Systemen zu jeder Option eine mehr oder weniger umfangreiche Erklärung anfordern, die teilweise sogar Tipps zu sinnvollen Einstellungen beinhaltet.

1 Die Taste (F1) ist ähnlich wie bei Windows in den meisten Fällen für das Abrufen der allgemeinen Hilfe vorgesehen. Sie zeigt in der Regel ein Fenster mit al-len Tasten an, die zur BIOS-Steuerung benutzt wer-den können. Dazu erfahren Sie, was die Taste genau bewirkt. Beachten Sie aber, dass nicht jede Taste in jeder Situation benutzt werden kann. Mit (Esc) blen-den Sie das Hilfemenü wieder aus.

```
           General Help
↑↓←→       :  Move
Enter      :  Select
+/-/PU/PD  :  Value
ESC        :  Exit
F1         :  General Help
F2         :  Item Help
F5         :  Previous Values
F6         :  Fail-Safe Defaults
F7         :  Optimized Defaults
F9         :  Menu in BIOS
F10        :  Save
```

2 Darüber hinaus können Sie mit der Taste [F2] in den meisten Fällen eine kontextabhängige Hilfe zum jeweils gewählten Menüeintrag abrufen. Je nach BIOS-Version wird diese
wie die allgemeine Hilfe in einem eigenen Fenster dargestellt
oder in einer Spalte *Item Help* am rechten Bildrand einge-
blendet, wobei diese automatisch aktualisiert wird, wenn Sie
die Markierung im Menü auf einen anderen Eintrag verschieben.

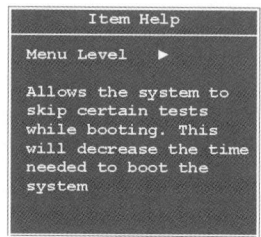

3 Erfahrungsgemäß steht bei vielen BIOS leider nicht zu jedem Menüeintrag eine kontextabhängige Hilfe zur Verfügung. Da neue PC-Modelle meist unter großem Zeitdruck mit
heißer Nadel gestrickt werden, legen die BIOS-Entwickler mehr Wert auf Funktionalität
und Stabilität und weniger auf vollständige und aussagekräftige Hilfetexte.

Vorsichtsmaßnahmen bei Experimenten mit den Einstellungen

Das BIOS ist von zentraler Bedeutung für die Funktionsfähigkeit und die Stabilität des
PCs. Dass ein Wert als Auswahlmöglichkeit für eine bestimmte Option zur Verfügung
steht, heißt nicht, dass er auch sinnvollerweise benutzt werden kann. Manche Optionen
machen nur Sinn, wenn auch die entsprechende Hardware ins System eingebaut ist. So
kann man z. B. schnellere Speicherzugriffszyklen nur mit hochwertigen Speicherchips
erreichen. Verwendet man preisgünstigere 08/15-Bausteine, belässt man es hingegen
lieber bei den etwas konservativeren Standardeinstellungen. Falsche oder unpassende
Einstellungen im BIOS können gravierende Folgen haben. Manchmal beschwert sich der
PC einfach nur mit einer Fehlermeldung und ignoriert das Problem, oftmals ist aber die
ganze Stabilität hinüber, und das System stürzt anschließend ständig ab. Prinzipiell kann
eine fehlerhafte BIOS-Einstellung sogar dazu führen, dass überhaupt kein Systemstart
mehr möglich ist. Deshalb sollten Sie bei allen Veränderungen im BIOS (auch bei den in
diesem Buch empfohlenen Einstellungen) einige Grundregeln beachten, um Probleme
zu vermeiden bzw. das BIOS zumindest jederzeit wieder in einen funktionsfähigen Zustand versetzen zu können.

1 Bevor Sie sich überhaupt an Veränderungen in den BIOS-Einstellungen wagen, sollten Sie stets eine gründliche Bestandsaufnahme machen. Halten Sie dazu alle Optionen
Ihres BIOS mit den aktuellen Einstellungen, mit denen der PC zumindest stabil läuft,
fest. Im nachfolgenden Abschnitt stellen wir Ihnen verschiedene Methoden vor, wie Sie
dies möglichst einfach und effektiv machen können.

2 Ändern Sie immer nur eine Einstellung. Wenn Sie mehrere Optionen gleichzeitig bearbeiten, wissen Sie bei Fehlern anschließend nicht genau, welche Option denn nun den Fehler verursacht. Macht man aber jeweils nur einen Schritt, kann man diesen anschließend problemlos zurücknehmen, wenn er nicht den gewünschten Erfolg bringt.

3 Notieren Sie die durchgeführte Änderung, bevor Sie die neuen Einstellungen speichern. Am besten vermerken Sie auch den vorherigen Wert der betroffenen Option. Bewahren Sie diese Notiz auf, auch wenn die Änderung auf den ersten Blick erfolgreich erscheint. Einstellungsprobleme machen sich manchmal erst langfristig durch wiederholte Systemabstürze bemerkbar.

4 Testen Sie das System nach jeder Veränderung der BIOS-Einstellungen gründlich. Beschränken Sie sich dabei nicht nur auf den eigentlichen Funktionstest der geänderten Option, sondern achten Sie auch auf die allgemeine Stabilität. Führen Sie ggf. Belastungstests des PCs durch.

Den PC auf Herz und Nieren testen

Um die Leistungsfähigkeit und die Stabilität eines PCs zu testen und bei verschiedenen BIOS-Einstellungen zu vergleichen, eignen sich insbesondere Benchmark-Programme wie z. B. SiSoft Sandra. Solche Programme simulieren umfangreiche und dauerhafte Belastungen für alle PC-Komponenten und messen dabei die Leistungswerte. So können Sie die Stabilität Ihres PCs überprüfen und gleichzeitig feststellen, ob sich bestimmte Änderungen am BIOS auf die Leistungsfähigkeit auswirken. Reine Belastungstests können Sie behelfsmäßig auch mit Bordmitteln durchführen. Um die Stabilität des Speichersubsystems zu testen, können Sie z. B. möglichst viele Anwendungen und Dokumente gleichzeitig öffnen und in allen abwechselnd arbeiten. Um Prozessor, Grafikkarte und Bussysteme an ihre Leistungsgrenze zu treiben, eignen sich besonders 3-D-Computerspiele bei hoher Auflösung und hoher Farbtiefe. Mehr Details zu Leistungstests finden Sie in Kapitel 3. Dort stellen wir auch das Programm SiSoft Sandra ausführlicher vor.

Die aktuellen BIOS-Einstellungen dokumentieren

Wenn Veränderungen an den BIOS-Einstellungen zu negativen Folgen führen, sollte man zu den vorherigen Werten zurückkehren. Voraussetzung dafür ist, dass man die zuvor verwendeten Werte kennt. Deshalb sollte am Anfang jeder BIOS-Veränderung eine komplette und ausführliche Bestandsaufnahme stehen. Natürlich könnte und sollte man auch immer nur die eine Änderung einschließlich Vorherwert notieren. Aber es kann auch jederzeit notwendig sein, die BIOS-Optionen per Hard- oder Software auf die Standardwerkeinstellungen zurückzusetzen oder das gesamte BIOS neu einzuspielen. Dann müssen Sie mit Standardwerten arbeiten, die nicht optimal an Ihren PC angepasst und überdies häufig zu konservativ (also viel Stabilität und wenig Leistung) gewählt sind. Um die BIOS-Einstellungen festzuhalten, gibt es verschiedene Möglichkeiten.

1 Die am nächsten liegende Methode ist sicherlich das Abschreiben der BIOS-Daten. Das ist sehr aufwendig, aber in manchen Fällen der einzige Weg. Achten Sie darauf, wirklich alle Optionen zu berücksichtigen. Insbesondere bei den umfangreichen Menüs mit Bildlaufleiste kann man die unteren Optionen allzu leicht übersehen.

2 Wenn Sie häufiger mit den BIOS-Einstellungen experimentieren wollen, lohnt es sich vielleicht, eigene Formulare für alle Menüs zu entwerfen. Das macht zwar einmal Mühe, spart dann aber immer wieder Schreibarbeit und sorgt vor allem dafür, dass man garantiert nichts vergisst.

Software-Backup des BIOS

Eine weitere Sicherheitsmaßnahme ist das Anlegen einer Sicherheitskopie des BIOS. Dazu ist spezielle Software erforderlich, die das BIOS samt aktuellen Einstellungen vom BIOS-Speicherbaustein ausliest und die Daten in einer Datei auf der Festplatte oder einer Diskette speichert. Mit der gleichen Software kann man eine solche Sicherheitskopie des BIOS später wieder in den BIOS-Speicherbaustein zurückspielen. Dabei werden auch die ursprünglichen Einstellungen wiederhergestellt. Nachteil dieser Methode: Sie hilft nicht weiter, wenn nach einem Problem mit dem BIOS kein Zugriff auf Festplatten und Disketten mehr möglich ist. In dem Fall müsste man zunächst das System auf andere Weise wieder in einen lauffähigen Zustand bringen, bevor man die Sicherheitskopie einspielen kann. Das Erstellen von BIOS-Sicherheitskopien und die erforderliche Software werden in Kapitel 5 beim Thema BIOS-Updates ausführlicher vorgestellt.

Die BIOS-Einstellungen ausdrucken

Wenn an Ihrem PC ein Drucker über die parallele Schnittstelle angeschlossen ist, können Sie bei den meisten BIOS-Versionen den Bildschirminhalt direkt ausdrucken.

1 Um im BIOS-Setup den aktuellen Inhalt des Bildschirms auf Papier zu bringen, drücken Sie auf der Tastatur (Druck).

2 Manchmal sind mehrere Tastendrücke notwendig, bis der Drucker den Auftrag mitbekommt. Wenn der Drucker gar nicht reagiert bzw. nur LEDs blinken oder eine Fehlermeldung im Display ausgegeben wird, betätigen Sie zusätzlich die Papiervorschubtaste am Drucker.

Leider sind inzwischen immer mehr Drucker mit USB-Schnittstelle ausgestattet, dann funktioniert diese einfache Methode nicht. Wenn Sie noch einen alten Drucker mit Parallelport auf dem Dachboden stehen haben, lohnt sich eventuell eine Reaktivierung für diesen Zweck. Treiber oder ähnliche Software sind nicht notwendig, nur Farbband bzw. -patrone sollten noch etwas Tinte hergeben. Testen Sie aber vor dem Ernstfall unbedingt, ob der Drucker die BIOS-Einstellungen auch wirklich sinnvoll und gut lesbar zu Papier bringt. Auch bei Druckern mit Parallelport-Anschluss ist das Funktionieren dieser Methode nicht immer gewährleistet.

Die BIOS-Einstellungen mit der Digicam fotografieren

Eine andere Möglichkeit, schnell zu einer Bildschirmkopie der BIOS-Menüs zu kommen, ist eine Digitalkamera. Die modernen Kameras mit einem Megapixel und mehr haben eine ausreichende Qualität, um gut lesbare Schnappschüsse von den BIOS-Einstellungen zu machen. Allerdings bedarf es einiger Umsicht und meist auch mehrerer Versuche, bis das Ergebnis befriedigend ist.

1 Die besten Ergebnisse erreichen Sie in einem abgedunkelten Raum ohne Tageslicht. Beschränken Sie das Bild im Sucher auf die eigentliche Bildschirmfläche, um insbesondere bei Automatikkameras eine optimale Bildabstimmung zu erreichen.

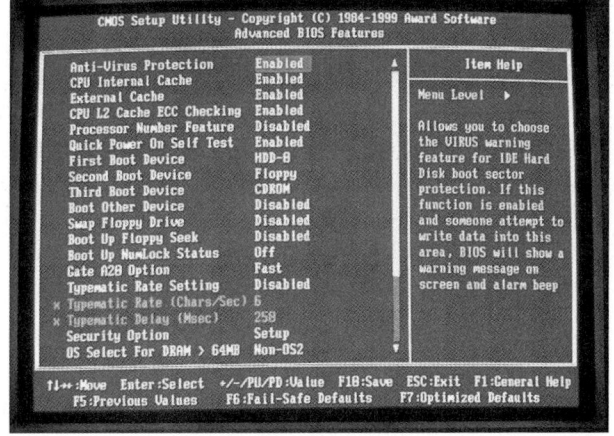

2 Verzichten Sie unbedingt auf Blitzlicht und verwenden Sie – wenn möglich – eine verlängerte Belichtungszeit und ein kleine Blende, um gut lesbare Ergebnisse zu erzielen. Falls die Bilder dabei verwackeln sollten, legen Sie die Kamera vor dem Monitor ab (z. B. auf einem Bücherstapel).

3 Für optimale Schärfe sollten Sie bei Automatikkameras – soweit vorhanden – ein Programm mit Makro-Fokus wählen. Dann orientiert sich die Kamera bei der Schärfeeinstellung am gesamten Monitorbild und nicht nur an der Mitte des Bilds. Wenn die Kamera dies zulässt, sollten Sie die Schärfe aber besser manuell einstellen.

4 Drucken Sie die Bilder anschließend aus oder speichern Sie sie auf einem anderen PC, falls Sie bei Problemen mit dem BIOS nicht mehr auf den betroffenen Rechner zugreifen können!

5 Achten Sie bei allen Methoden darauf, wirklich alle Einstellungen in allen Menüs festzuhalten. Bei umfangreicheren Menüs übersieht man gern die Bildlaufleiste und somit die unteren Optionen, die nicht direkt auf dem Bildschirm zu sehen sind. Hier sind beim Ausdrucken und beim Fotografieren ein Bildlauf nach unten und eine zweite Kopie des Bildschirminhalts erforderlich.

Geänderte Einstellungen speichern oder verwerfen

Sie können in den BIOS-Einstellungen zunächst beliebig herumexperimentieren. Änderungen an den einzelnen Optionen wirken sich nicht unmittelbar aus. Dazu müssen die Veränderungen zunächst dauerhaft gespeichert und der PC neu gestartet werden. Wie das geht und wie Sie vorgenommene Änderungen rückgängig machen können, erfahren Sie auf den folgenden Seiten.

Änderungen in den BIOS-Einstellungen speichern

Wenn Sie eine BIOS-Option verändert haben, können Sie das entsprechende Untermenü zunächst mit (Esc) verlassen und zurück ins Hauptmenü gehen. Erst wenn Sie alle anstehenden Aufgaben im BIOS erledigt haben, sichern Sie die vorgenommenen Änderungen in einem zentralen Schritt.

1 Dazu wählen Sie im Hauptmenü die Funktion *Save & Exit Setup* (beim AMI-BIOS *Save Settings and Exit*). Alternativ können Sie auch zu jedem Zeitpunkt die Taste (F10) drücken.

2 Das BIOS-Setup stellt dann die Sicherheitsabfrage *SAVE to CMOS and EXIT (Y/N)?*. An dieser Stelle sollten Sie sich fragen, ob Sie die vorgenommenen Änderungen wirklich so speichern und übernehmen wollen. Überprüfen Sie außerdem sicherheitshalber noch einmal, ob Sie die Änderungen alle notiert haben.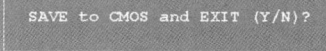

Was heißt hier CMOS?

Die Bezeichnung CMOS bezieht sich auf den speziellen Speicherbaustein, in dem das BIOS-Programm und seine Einstellungen gespeichert werden. *SAVE to CMOS* bedeutet also, dass das BIOS die veränderten Einstellungen in seinem nicht flüchtigen Speicher dauerhaft festhält; *and EXIT* bezieht sich darauf, dass nach dem Verlassen des BIOS-Setup in jedem Fall ein Neustart des PCs erfolgen muss.

3 Wenn Sie die Änderungen sichern wollen, drücken Sie (Z) (nicht (Y) wegen der englischen Tastaturbelegung). Das Setup zeigt dann den gedrückten Buchstaben an (*Y* oder *N*).

4 Drücken Sie anschließend (Enter). Das BIOS speichert dann die aktuellen Optionen und startet den PC mit diesen Einstellungen neu. Diesmal lassen Sie einfach ganz normal das Betriebssystem starten und können die Auswirkungen der veränderten Werte gleich überprüfen.

Wenn das BIOS seine Einstellungen immer wieder vergisst

Manchmal kommt es vor, dass ein BIOS veränderte Einstellungen sofort oder später wieder vergisst und stattdessen mit den Standardeinstellungen startet. Insbesondere wenn das nur nach längeren Ausschaltzeiten geschieht, ist mit ziemlicher Sicherheit die Pufferbatterie daran schuld. Wenn diese Batterie leer ist, wird der CMOS-Speicher gelöscht, und das BIOS findet beim Start keine Daten mehr vor. Dann greift es auf die intern gespeicherten Standardwerte zurück. Ein solcher Batterieausfall kommt bei modernen PCs selten vor, da die Batterien normalerweise länger halten, als der PC verwendet wird. Der Ersatz der Batterie oder eines Akkus ist immer möglich. Allerdings gibt es von Gerät zu Gerät Unterschiede, welche Batterie verwendet und wo und wie sie eingebaut wird. Teilweise lassen sie sich problemlos austauschen, teilweise sind sie fest auf die Hauptplatine gelötet und müssen von einem Fachmann ausgewechselt werden.

Änderungen in den BIOS-Einstellungen verwerfen

Sie können das BIOS-Setup auch verlassen, ohne die Einstellungen zu speichern. Das bietet sich an, wenn Sie gar nichts verändern wollen oder wenn Sie z. B. nicht mehr sicher sind, ob Sie nicht versehentlich eine falsche Veränderung vorgenommen haben. In diesem Fall behält das BIOS die alten Einstellungen vom vorangegangenen Systemstart bei und startet den Rechner damit neu.

1 Dazu wählen Sie im Hauptmenü die Funktion *Exit without Saving*. Alternativ können Sie auch die Taste (Esc) drücken.

`Exit without Saving`

2 Das BIOS-Setup stellt dann die Sicherheitsabfrage *Quit Without Saving (Y/N)?*.

`Quit Without Saving (Y/N)?`

3 Wenn Sie auf die gemachten Änderungen verzichten wollen, drücken Sie wiederum
Ⓩ zur Bestätigung mit Y. Das Setup zeigt dann den gedrückten Buchstaben an (Y oder
N).

4 Drücken Sie anschließend ⌷Enter⌷. Das BIOS startet dann den PC mit den alten Einstellungen neu.

Änderungen rückgängig machen

Da sich falsche oder versehentliche Änderungen in den BIOS-Einstellungen sehr nachtei-
lig auswirken können, bietet das Setup-Programm eine ganze Reihe von Möglichkeiten,
Veränderungen zurückzunehmen und zu den vorherigen Werten bzw. zu Standardwerten
zurückzukehren, um das System jederzeit wieder in einen lauffähigen, stabilen Zustand
versetzen zu können.

Die Einstellungen in einzelnen BIOS-Untermenüs wiederherstellen

Um die Veränderungen in den verschiedenen Bereichen des BIOS möglichst effektiv steuern zu können, bietet das BIOS-Setup nicht nur globale Funktionen, sondern für jedes
Untermenü individuelle Möglichkeiten zum Zurücknehmen von Änderungen bzw. Zurücksetzen der Einstellungen.

1 In jedem Untermenü mit BIOS-Optionen können Sie mit der `F5:Previous Values`
Taste ⌷F5⌷ die vorherigen Werte wieder einstellen. Unter vorheri-
gen Werten sind dabei die BIOS-Einstellungen zu verstehen, die beim vorangegangenen
Systemstart gewählt waren. Dabei gehen alle Änderungen verloren, die Sie seit dem
Start des BIOS-Setup in diesem Untermenü vorgenommen haben, egal ob Sie das Menü
dazu nur einmal oder auch mehrfach geöffnet haben.

2 Das Setup-Programm zeigt daraufhin
die Sicherheitsabfrage *Load Previous*   `Load Previous Values for this page (Y/N)?`
Values for this page (Y/N)?. Bestätigen Sie
die Frage mit Ⓩ und ⌷Enter⌷, um die Werte zurückzusetzen. Anschließend können Sie
ohne Neustart weiter in den BIOS-Menüs arbeiten.

3 Wenn Sie Veränderungen in einem Untermenü bereits mit `F7:Optimized Defaults`
Speichern und Neustart gesichert haben, können Sie nicht ohne
weiteres zu den vorherigen Werten zurückkehren, es sei denn, Sie haben die Veränderungen genau notiert. In diesem Fall können Sie aber für jedes Untermenü die optimalen

Standardwerte (*Optimized Defaults*) einstellen. Das sind Vorgaben vom Hersteller des BIOS, mit denen der PC in seiner Werkkonfiguration stabil und schnell laufen sollte. Drücken Sie dazu in dem betroffenen Untermenü $\boxed{F7}$.

4 Bestätigen Sie die anschließende Sicherheitsabfrage *Load Optimized Defaults for this page (Y/N)?* mit $\boxed{Z}$ und

`Load Optimized Defaults for this page (Y/N)?`

$\boxed{Enter}$. Das Setup-Programm setzt daraufhin die Werte für dieses Untermenü mit den optimierten Standardeinstellungen.

5 Nicht immer helfen die optimierten Standardeinstellungen `F6:Fail-Safe Defaults` weiter. In solchen Fällen können Sie bei manchen BIOS-Versionen auf die konservativeren Sicherheitseinstellungen (*Fail-Safe Defaults*) zurückgreifen. Die sind so gewählt, dass sie eigentlich immer zu einem lauffähigen und stabilen System führen sollten. Benutzen Sie dazu im betroffenen Untermenü die Taste $\boxed{F6}$.

6 Bestätigen Sie die anschließende Sicherheitsabfrage *Load Fail-Safe Defaults for this page (Y/N)?* mit $\boxed{Z}$ und $\boxed{Enter}$.

`Load Fail-Safe Defaults for this page (Y/N)?`

Das Setup-Programm setzt daraufhin die Werte für dieses Untermenü mit den konservativen Sicherheitseinstellungen.

Fail-Safe und optimierte Standardeinstellungen vergleichen

Durch das Wechseln und Vergleichen zwischen den Fail-Safe- und den Optimaleinstellungen können Sie sehr schön erkennen, welche BIOS-Einstellungen für Geschwindigkeit und Stabilität besonders wesentlich sind. Das sind dann oftmals Werte, die einen Einfluss auf die Systemperformance – insbesondere das Speicher-Timing – haben. Werte, die in beiden Varianten unverändert bleiben, müssen mit Vorsicht genossen werden. Sie sind unter Umständen so elementar, dass sie gar nicht verändert werden dürfen. Aber auch hier kann der Hersteller zu Gunsten der Sicherheit auf ein mögliches Mehr an Leistung verzichtet haben. Mehr zu solchen typischen Einstellungen finden Sie in den nachfolgenden Kapiteln.

Beachten Sie, dass das Zurücksetzen der Einstellungen innerhalb eines Untermenüs noch nicht dazu führt, dass die zurückgesetzten Werte auch dauerhaft gespeichert werden. Anschließend müssen Sie den vorangehend beschriebenen Ablauf zum dauerhaften Speichern der aktuellen BIOS-Einstellungen durchführen.

Die optimierten Herstelleroptionen wiederherstellen

Nicht nur für einzelne Untermenüs, auch für die gesamten BIOS-Einstellungen können Sie die optimierten Herstelleroptionen wiederherstellen. Diese sind in der Regel auch mit den Einstellungen im Auslieferungszustand identisch.

Es sind die Einstellungen, mit denen der Hersteller bzw. Auslieferer den PC getestet und als optimal befunden hat. Auf alle Fälle sollte der PC mit diesen Einstellungen jederzeit problemlos laufen, solange Sie die Hardwarekonfiguration nicht verändert haben.

Wie optimal sind die optimierten Standardeinstellungen?

Optimiert bezieht sich in diesem Fall auf einen mehr oder weniger optimalen Kompromiss zwischen Sicherheit und Geschwindigkeit. Die meisten PC-Hersteller wählen auch bei den optimierten Einstellungen eher die Sicherheit. Schließlich merken die meisten Kunden ohne aufwendige Leistungstests nicht, ob ein PC langsamer läuft, als er es angesichts seiner Hardwareaustattung eigentlich könnte. Abstürze, wie sie beim Betrieb an der oberen Leistungsgrenze unter ungünstigen Umständen durchaus mal auftreten können, nimmt hingegen jeder Kunde sofort wahr und beschwert sich deswegen. Deshalb bieten die meisten PCs Möglichkeiten, durch BIOS-Einstellungen noch ein paar Prozent mehr Leistung herauszukitzeln.

---

1 Um für das gesamte BIOS zu den optimierten Standardeinstellungen zurückzukehren, gehen Sie in das Hauptmenü
`Load Optimized Defaults`
der BIOS-Einstellungen und wählen hier in der linken Hälfte den Eintrag *Load Optimized Defaults* (auch *Load Setup Defaults* oder *Autoconfiguration with Optimal Settings*).

2 Daraufhin fragt das BIOS-Setup mit der Sicherheitsabfrage *Load Optimized Defaults (Y/N)?* nach,
`Load Optimized Defaults (Y/N)?`
ob Sie die Werte tatsächlich zurücksetzen wollen.
Prüfen Sie an dieser Stelle, ob Sie die bisherigen Werte notiert oder irgendwie festgehalten haben, damit Sie notfalls dahin zurückkehren können, falls anschließend etwas nicht funktionieren sollte.

3 Drücken Sie dann Z und Enter, um die Sicherheitsrückfrage zu bestätigen.

4 Das Programm schreibt daraufhin die gespeicherten Standardeinstellungen in die BIOS-Optionen und startet den PC mit diesen Einstellungen neu.

Die konservativen Standardoptionen als Notfallmaßnahme

Das Zurücksetzen des BIOS auf den Auslieferungszustand ist leider nicht immer erfolgreich. Probleme kann es insbesondere geben, wenn Sie die Hardwarekonfiguration des PCs verändert haben, z. B. wenn Sie zusätzliche oder andere Speichermodule eingesetzt oder den Prozessor ausgetauscht haben o. Ä.

Dann kann es passieren, dass die optimierten Einstellungen, die ja auf den Auslieferzustand des PCs abgestimmt sind, nicht mehr richtig funktionieren. Für solche Fälle gibt es einen letzten Ausweg: die Fail-Safe-Einstellungen. Das sind absolut konservative Einstellungen, die so gewählt sind, dass der PC damit unter fast allen denkbaren Umständen starten und stabil laufen kann.

So viel Sicherheit geht leider auf Kosten der Geschwindigkeit, aber im Falle eines Falles dürfte das wohl egal sein. Mit den Fail-Safe-Einstellungen kann man den PC zumindest zum Laufen bekommen, um z. B. ein BIOS-Update (siehe Kapitel 5) durchzuführen oder auf wichtige Daten zuzugreifen.

1 Um alle BIOS-Einstellungen auf die konservativen Fail-Safe-Einstellungen zurückzusetzen, wählen Sie im Hauptmenü der BIOS-Einstellungen den Menüpunkt *Load Fail-Safe Defaults* (auch *Load BIOS Defaults* oder *Autoconfiguration with FailSafe Settings*).

2 Daraufhin fragt das BIOS-Setup mit der Sicherheitsabfrage `Load Fail-Safe Defaults` *Load Fail-Safe Defaults (Y/N)?* nach, ob Sie die BIOS-Einstellungen tatsächlich zurücksetzen wollen. Überlegen Sie, ob Sie die bisherigen Werte notiert haben. Dann können Sie anschließend Schritt für Schritt zu den vorherigen Einstellungen zurückkehren, um die problematische BIOS-Option zu ermitteln.

3 Drücken Sie dann $\boxed{Z}$+$\boxed{Enter}$, um die Sicherheits- `Load Fail-Safe Defaults (Y/N)?` abfrage zu bestätigen.

4 Das Programm schreibt daraufhin die gespeicherten Fail-Safe-Einstellungen in die BIOS-Optionen und startet den PC neu.

2. Hardwareprobleme durch BIOS-Tricks lösen

Die wichtigste Aufgabe des BIOS ist es, die vielen verschiedenen Hardwarekomponenten eines PCs zur reibungslosen Zusammenarbeit zu bewegen. Dazu müssen Schnittstellen zwischen Prozessor, Arbeitsspeicher, Datenbus, Festplatten und Erweiterungskarten für Grafik, Sound, Netzwerk oder Modem-/ISDN-Verbindungen hergestellt werden. Dabei gibt es aufgrund der unterschiedlichen Hardware eine ganze Reihe von Standards und Einstellungen zu beachten. Nur wenn diese im BIOS richtig gewählt werden, kann unter Windows alles ordnungsgemäß funktionieren.

Festplatten im BIOS konfigurieren

Wenn Sie einen fertigen PC kaufen, ist dieser mit einer Festplatte versehen, die in der Regel im BIOS auch korrekt eingestellt ist. Allerdings beanspruchen Windows und die darin laufenden Anwendungen von Version zu Version mehr Speicherplatz, sodass man um eine größere oder zusätzliche Festplatte früher oder später nicht mehr herumkommt. Dann müssen die entsprechenden BIOS-Einstellungen geändert werden, damit die neue Festplatte unter Windows ordnungsgemäß in Betrieb genommen werden kann. Moderne BIOS-Versionen machen das im Optimalfall ganz automatisch. Trotzdem kann es nicht schaden, die entsprechenden Einstellungen manuell zu überprüfen, um optimale Leistung zu erreichen und auch Problemfälle lösen zu können.

Die Festplatten automatisch erkennen lassen

Die einfachste Variante, Festplatten in einen PC einzubinden, ist die automatische Erkennung. Diese wird von praktisch allen aktuellen BIOS-Versionen angeboten. In diesem Modus analysiert das BIOS die angeschlossenen Festplatten bei jedem Systemstart und ermittelt so die für den Zugriff erforderlichen Parameter. Vorteil dieser Methode ist, dass Sie kaum etwas über die verwendete Festplatte wissen müssen. Es gibt aber auch Nachteile, die beachtet werden sollten.

1 Um eine Festplatte automatisch erkennen zu lassen, bauen Sie diese zunächst ordnungsgemäß ein. Starten Sie dann den PC und rufen Sie das BIOS-Setup auf.

2 Wählen Sie im Hauptmenü den Menüpunkt *Standard*   ▶ Standard CMOS Features
CMOS Features.

3 Hier finden Sie oben links unterhalb der Datums- und Zeitangabe die Einstellungen für die angeschlossenen Festplatten.

```
▶ IDE Primary Master      Press Enter 30750 MB
▶ IDE Primary Slave       Press Enter None
▶ IDE Secondary Master    Press Enter None
▶ IDE Secondary Slave     Press Enter None
```

4 Um eine Festplatte automatisch erkennen zu lassen, wählen Sie Ihren Eintrag aus, sodass die Markierung auf *Press Enter* steht, und drücken dann (Enter).

```
Press Enter None
Press Enter None
Press Enter None
```

5 Damit öffnen Sie das Untermenü für die Zugriffsparameter dieser Festplatte. Bewegen Sie hier die Markierung mithilfe der Pfeiltasten auf die Einstellung des IDE-Anschlusses.

```
IDE Primary Slave          None
```

6 Drücken Sie dann die Tasten (Bild↑) bzw. (Bild↓), um die Einstellung auf *Auto* zu ändern. Der *Access Mode* sollte dabei automatisch ebenfalls auf *Auto* geschaltet werden.

```
IDE Primary Slave          Auto
Access Mode                Auto
```

7 Verlassen Sie die Untermenüs des BIOS-Setup, speichern Sie die neuen BIOS-Einstellungen und starten Sie den PC neu. Ab sofort analysiert das BIOS bei jedem PC-Neustart die an diesem

```
Detecting IDE drives ...

  Primary Master : WDC WD307AA-00BAA0 10.09K11
  Primary Slave  : WDC WD307AA-00BAA0 10.09K11
Secondary Master : ATAPI CDROM 48X V130Y
Secondary Slave  : 24x10 P.MJ
```

IDE-Port angeschlossene Festplatte und betreibt sie mit den geeigneten Parametern.

Info

Vorsicht beim Einbau bereits beschriebener Festplatten

Wenn Sie eine Festplatte einbauen und im BIOS anmelden, die bereits formatiert und mit Daten beschrieben ist, sollten Sie besondere Vorsicht walten lassen. Die meisten Festplatten können mit unterschiedlichen Parametern betrieben werden, die nicht alle optimal sind. Wenn die Festplatte zuvor mit nicht optimalen Zugriffsparametern formatiert und beschrieben wurde und Sie nun die optimalen, anderen Parameter vom BIOS automatisch erkennen lassen, ist der Zugriff auf vorhandene Daten nicht mehr möglich. Darüber hinaus können Schreibzugriffe auf die Festplatte in diesem Fall zum Verlust der vorhandenen Dateien führen. In solchen Fällen sollten Sie deshalb unbedingt die verwendeten Festplattenparameter kennen und am besten manuell genauso im BIOS-Setup eintragen. Wie das geht, wird im Folgenden noch beschrieben.

Die Verteilung der Laufwerke am IDE-Anschluss

Handelsübliche PCs verfügen über zwei IDE-Controller, an die jeweils zwei Festplatten oder z. B. auch CD-Laufwerke – insgesamt also bis zu vier Geräte – angeschlossen werden können.

2. Hardwareprobleme durch BIOS-Tricks lösen

1 Der erste IDE-Controller wird Primary, der zweiter Secondary genannt. Jeder Controller verfügt über einen Master- und einen Slave-Anschluss. Die Geräte werden vom BIOS anhand einer Jumper-Einstellung identifiziert, die am jeweiligen Laufwerk beim Einbau vorgenommen werden muss.

2 Dazu befindet sich üblicherweise an der Rückseite der Laufwerke ein kleines Jumper-Feld, wo man das Gerät als Master oder Slave festlegt. Beachten Sie, dass es an einem IDE-Controller immer nur einen Master und einen Slave geben darf, sonst klappt der Datenzugriff nicht.

3 Merken Sie sich beim Einbau eines neuen Laufwerks genau, wo und wie Sie das Laufwerk anschließen. Dann können Sie anschließend im BIOS-Setup ohne große Experimente gleich die richtigen Einstellungen vornehmen. Wie Sie Ihre Laufwerke am besten an die IDE-Controller anschließen, hängt von verschiedenen Aspekten ab.

4 Haben Sie nur zwei Laufwerke, verteilen Sie diese am besten auf beide Controller. Bei mehr als zwei Laufwerken ist es aus Gründen besserer Leistung empfehlenswert, zwei Festplatten nicht am gleichen IDE-Controller anzuschließen. Verwenden Sie noch Laufwerke ohne DMA-Übertragungsmodus (z. B. ältere CD-Laufwerke), sollten Sie diese allerdings auch nicht mit einer Festplatte an einem Controller kombinieren, da die Platte sonst unnötig ausgebremst würde (mehr zum DMA-Modus und zu schnellen Laufwerkzugriffen finden Sie weiter unten in diesem Kapitel).

Die Parameter der Festplatten vom BIOS ermitteln lassen

Die automatische Erkennung der angeschlossenen Festplatten beim Start ist zwar die einfachste Lösung, nicht aber unbedingt die optimale. Ihr entscheidender Nachteil ist die Zeit, die das BIOS zum Erkennen der Festplatte benötigt. Zwar reden wir bei modernen BIOS-Versionen hier nur von ein bis zwei Sekunden pro Festplatte, aber wenn tatsächlich mehrere Festplatten eingebaut sind, summiert sich die unnötige Wartezeit schon erheblich. Wenn Sie nicht gerade regelmäßig an Ihren Laufwerken herumbasteln, lohnt es sich deshalb, die Zugriffsparameter einmal ermitteln und dann dauerhaft ins BIOS eintragen zu lassen.

1 Bei modernen BIOS-Versionen ist das Ermitteln der Festplattenparameter direkt in die Festplattenverwaltung integriert. Öffnen Sie dazu, genau wie vorangehend beschrieben, die Eigenschaften des IDE-Anschlusses, an dem die fragliche Festplatte angeschlossen ist.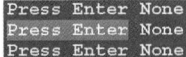

2 Im anschließenden Menü für die Einstel- `IDE HDD Auto-Detection    Press Enter`
lungen dieses Laufwerks drücken Sie direkt
beim obersten Eintrag *IDE HDD Auto-Detection* die Taste (Enter). (Für ältere BIOS-Versionen, die keine entsprechende Funktion haben, wird die Vorgehensweise weiter unten
beschrieben.)

3 Das BIOS analysiert daraufhin die Festplatte und er- `Detecting Hard Drive...`
mittelt die optimalen Parameter für den Zugriff darauf.

4 Anschließend trägt das BIOS die ermittelten Werte für

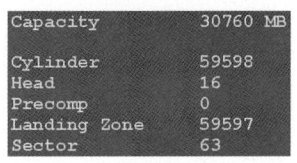

die Parameter *Cylinder*, *Head*, *Precomp*, *Landing Zone* und
Sector in den Feldern darunter ein. Falls Sie die Original-
daten der Festplatte kennen, können Sie diese mit den ermittelten Werten vergleichen.

5 Damit die ermittelten Parameter bei jedem Start `IDE Primary Slave    Manual`
sofort verwendet und nicht jedes Mal wieder neu analy- `Access Mode        LBA`
siert werden, stellen Sie nun die Einstellung für diesen IDE-Port von *Auto* auf *Manual*.

6 Außerdem sollten Sie den *Access Mode* festlegen. Für Windows und aktuelle Festplatten über 504 MByte sollte hier *LBA* gewählt werden. Kleinere Festplatten erfordern hingegen *Normal*. *Large* sollten Sie nur wählen, wenn die Festplatte zuvor in diesem Modus
formatiert wurde und Sie die vorhandenen Daten weiter benutzen wollen.

7 Verlassen Sie dann das Menü, speichern Sie die neuen BIOS-Einstellungen und starten Sie den Rechner neu.

Automatische Erkennung bei älteren BIOS-Versionen

Die automatische Erkennung der Festplattenparameter hat erst im Laufe der Zeit Einzug
in die BIOS-Versionen gehalten. Ganz früher musste man die entsprechenden Parameter
grundsätzlich kennen und von Hand eingeben.

Die ersten BIOS-Versionen mit automatischer Erkennung hatten diese noch als separate
Funktion im Hauptmenü aufgeführt. Sollten Sie noch einen solchen älteren PC haben,
ist die Vorgehensweise eine etwas andere.

1 Bei solchen BIOS-Versionen finden Sie im Hauptmenü auf `IDE HDD Auto Detection`
der rechten Seite eine Funktion namens *IDE HDD Auto
Detection* oder auch *Auto-Detect Harddisks*.

2 Bei Anwahl dieser Funktion öffnet das BIOS-Setup daraufhin einen neuen Bildschirm zur Festplattenerkennung. Hier führt es nacheinander einen Erkennungsversuch für alle vier IDE-Ports durch. Nach jedem Versuch präsentiert es Ihnen die gefundenen Parameter, meist in mehreren Varianten für die verschiedenen Zugriffsmodi.

```
    Select Primary Master    Option (N=Skip) : N

OPTIONS    SIZE   CYLS HEAD PRECOMP LANDZ SECTOR  MODE

  2(Y)   30756   59598   16        0 59597    63   LBA
  1      30756   59598   16        0 59597    63   NORMAL
  3      30756   59598   16        0 59597    63   LARGE
```

3 Tippen Sie hier die unter *OPTIONS* angegebene Ziffer ein, um einen der Parametersätze auszuwählen. Mit *Y* können Sie im Zweifelsfall den Vorschlag des BIOS übernehmen. Mit *N* oder (Esc) überspringen Sie dieses Laufwerk, sodass der bisher im BIOS eingetragene Wert dafür beibehalten wird.

Das BIOS übernimmt die so ermittelten Festplattenparameter automatisch auch für die Einstellungen im Untermenü *Standard CMOS Feature* und bindet die angeschlossenen Festplatten ab dem nächsten Systemneustart mit diesen Daten in den PC ein.

Ungenutzte IDE-Ports richtig einstellen

Nur in seltenen Fällen sind alle vier IDE-Ports eines PCs auch wirklich mit Festplatten belegt. Häufiger hängt an mindestens einem Anschluss ein CD-ROM-Laufwerk oder ein CD-Brenner. Einige neuere BIOS-Varianten erlauben ausdrücklich die Angabe *CD-ROM* für solche Geräte. Bei älteren Versionen können Sie die Einstellung *None* verwenden, damit das BIOS nicht bei jedem Start eine automatische Erkennung des Laufwerks versucht. Auch wenn ein IDE-Port ganz ungenutzt ist, sollten Sie dies dem BIOS durch die Einstellung *None* mitteilen. Dann sucht das BIOS des PCs gar nicht erst nach einer Festplatte und spart so wertvolle Sekunden beim Startvorgang.

Die Festplattenparameter manuell eintragen

Die automatische Erkennung der Festplattenparameter dürfte bei aktuellen BIOS-Versionen in den weitaus meisten Fällen problemlos funktionieren. Trotzdem kann es vorkommen, dass das BIOS-Setup eine Festplatte nicht korrekt erkennt oder partout Parameter verwenden will, mit denen ein Zugriff auf bereits vorhandene Daten nicht möglich wäre. In solchen Fällen können Sie die Parameter für den Zugriff auf diese Festplatte auch komplett manuell eingeben.

1 Öffnen Sie dazu wiederum die Einstellungen für den `IDE Primary Slave     Manual` IDE-Port, an den diese Festplatte angeschlossen ist. Verzichten Sie auf die automatische Erkennung und wählen Sie stattdessen als Einstellungs-methode *Manual*.

2 Wechseln Sie weiter nach unten in die Einstellungen für die Festplattenparameter, die nun freigegeben sind. Tragen Sie die Anzahl der Zylinder (*Cylinder*), die Anzahl der Köpfe (*Head*) sowie die Anzahl der Sektoren (*Sector*) ein.

Capacity	30760 MB
Cylinder	59598
Head	16
Precomp	0
Landing Zone	59597
Sector	63

3 Die Angaben zu *Precomp* und *Landing Zone* sind nur bei sehr alten Festplatten erforderlich und können bei allen neueren Modellen ignoriert werden.

4 Während Sie die Parameter eingeben, berechnet das BIOS automatisch die sich daraus ergebende Festplattengröße. Wenn dieser Wert (in etwa) mit der vorgesehenen Kapazität der Festplatte übereinstimmt, sind die Parameter wohl richtig.

5 Geben Sie bei *Access Mode* schließlich die Zugriffs-methode an. Auch hier gilt wiederum, dass für Windows-

Access Mode	LBA

Betriebssysteme und Festplatte über 504 MByte der *LBA*-Modus verwendet werden sollte, sonst in der Regel *Normal*.

6 Verlassen Sie das Untermenü, speichern Sie die BIOS-Einstellungen und starten Sie den PC neu, damit die Festplatte mit den korrekten Parametern eingebunden wird. Lassen Sie dabei das Betriebssystem starten und testen Sie, ob der Zugriff auf die Festplatte reibungslos funktioniert.

Troubleshooting: Falls die Festplatte nicht erkannt wird

Wenn eine Festplatte von der automatischen Erkennung nicht identifiziert wird oder trotz manueller Eingabe der korrekten Parameter nicht darauf zugegriffen werden kann, kommen verschiedene Ursachen dafür in Frage.

1 Erster Kandidat für die Fehlersuche ist immer die Hardware selbst. Prüfen Sie, ob das IDE-Kabel sowohl an der Hauptplatine als auch an der Festplatte fest eingesteckt ist. Achten Sie insbesondere auf die richtige Ausrichtung des Steckers, da dieser teilweise auch falsch aufgesteckt werden kann. Am Plastikgehäuse des Steckers finden Sie an einer Ecke ein kleines Dreieck, das den Pin 1 markiert. So gut wie alle IDE-Kabel haben außerdem eine farbig bedruckte Ader an der Außenseite, die dem PIN 1 des Steckers entspricht. Der Stecker muss so eingesteckt werden, dass er mit Pin 1 an der Festplatte übereinstimmt. Diese ist meist entsprechend beschriftet, außerdem liegt Pin 1 normalerweise direkt neben dem Stromkabel.

2 Apropos Stromkabel: Prüfen Sie bei der Gelegenheit auch dessen festen Sitz. Zusätzlich sollten Sie beim Einschalten des PCs ganz genau hinhören, denn die Festplatte sollte ein deutlich vernehmbares Geräusch beim Anlaufen machen, wenn die Stromversorgung funktioniert. Andernfalls liegt womöglich ein schwerwiegenderes Problem vor.

3 Sind beide Anschlüsse eines IDE-Kabels belegt, müssen die angeschlossenen Laufwerke entsprechend der Anschlussstelle als Master oder Slave konfiguriert sein. Dafür haben Festplatten und CD-Laufwerke in der Regel Jumper neben dem IDE-Stecker vorgesehen. Wählen Sie die passende Einstellung aus, teilweise hilft auch die *Auto*-Einstellung weiter, bei der die Geräte ihren Status selbst ermitteln.

4 Überprüfen Sie im BIOS, ob der fragliche IDE-Port eventuell deaktiviert wurde, um Ressourcen einzusparen, und reaktivieren Sie ihn ggf. (mehr dazu später in diesem Kapitel).

Festplattenkapazität zu gering?

Ein häufig auftretendes Problem besteht darin, dass die automatische Erkennung des BIOS eine neue Festplatte nicht mit der vollen Kapazität ermittelt. Dies tritt meist dann auf, wenn die Festplatte neuer als der PC bzw. das BIOS ist, also etwa wenn man in einen älteren PC eine aktuelle Festplatte einbauen will, um dessen Speicherkapazität zu erweitern. Damit ein problemloser Zugriff auf den vollen Umfang möglich ist, muss das BIOS ebenfalls jeweils die verwendete Technik beherrschen. Sonst kann es die Festplatte nur teilweise oder im schlimmsten Fall gar nicht ansprechen. Durch die verschiedenen Entwicklungsstufen gibt es mehrere „magische" Kapazitätsgrenzen, an denen es zu Problemen kommen kann:

1 Die erste Grenze, die heute noch eine Rolle spielen kann, liegt bei 504 MByte. Bei PCs, die vor 1994 hergestellt wurden, kann das BIOS maximal 504 MByte Festplattenspeicher verwalten (das schien damals mehr als genug zu sein). Falls Sie in einen so alten PC ein größere Platte einbauen wollen, ist dies nur nach einem BIOS-Update möglich, wenn eines verfügbar ist (siehe Kapitel 5).

2 Sollte Ihr PC neueren Datums sein und trotzdem nur 504 MByte einer eigentlich größeren Festplatte ansprechen, müssen Sie für diese Festplatte den LBA-Modus aktivieren. Das sollte eigentlich automatisch erkannt werden, bei älteren BIOS klappt das aber nicht immer.

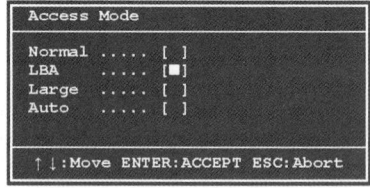

3 Die nächste magische Grenze liegt bei 2 GByte. Sie betrifft ebenfalls ältere BIOS-Versionen, bei AMI-BIOS etwa bis Version 1.04. Diese BIOS-Systeme können maximal 4.096 Zylinder pro Festplatte adressieren, was nur für 2 GByte ausreicht. Der restliche Speicher auf dieser Festplatte ist verloren. Auch in diesem Fall besteht die Möglichkeit, ein BIOS-Update vorzunehmen (siehe Kapitel 5).

4 Die (derzeit) letzte Grenze liegt bei 8 GByte. Sie kann bei BIOS-Versionen auftreten, die zwar den LBA-Modus beherrschen, aber noch nicht über den Int13h-Befehlssatz verfügen. Auch dies lässt sich am besten durch ein BIOS-Update beheben, wobei hierfür eine vergleichsweise gute Chance besteht, da diese BIOS-Version meist noch nicht aus den Supportzyklen gefallen sind.

BIOS-Update nicht möglich?

Leider ist ein BIOS-Update zum Lösen von Festplattenproblemen nicht immer möglich. Insbesondere bei älteren PCs haben die Hersteller den Support im Zweifelsfall schon eingestellt oder scheuen den Aufwand zum Bereitstellen eines Updates. In solchen Fällen kann ein spezieller Festplatten-Manager helfen, der bei jedem Start des PCs unmittelbar nach dem BIOS geladen wird und den Zugriff auf die volle Kapazität der Festplatte ermöglicht. Ein solches Programm bieten die Festplattenhersteller in der Regel kostenlos zum Download an. Allerdings ist dies immer nur eine Behelfslösung, da jeweils nur ein Festplatten-Manager eines Herstellers geladen werden kann, der sich überdies meist nicht mit Boot-Managern oder ähnlichen Programmen verträgt. Eine bessere Alternative, mit der sich auch Hardwaregrenzen der vorhandenen Hauptplatine überwinden lassen, ist der Einbau einer separaten Controller-Karte, die den Controller der Hauptplatine ersetzt und die neusten Festplattentechnologien beherrscht.

Die Bootreihenfolge für den Betriebssystemstart festlegen

Wenn das BIOS aktiviert ist und seine anfänglichen Aufgaben erledigt hat, startet es das Betriebssystem des PCs (z. B. Windows). Dieses wird in der Regel von der Festplatte gebootet, die als Primary Master angeschlossen ist.

Das Booten kann aber auch von einer Diskette oder von einer bootfähigen CD-ROM erfolgen. Bei den meisten BIOS-Versionen kann man eine Reihenfolge festlegen, in der die verschiedenen Laufwerke nach Bootdaten abgesucht werden. Das hat Auswirkungen auf die Geschwindigkeit des Startvorgangs, aber auch auf die Sicherheit des PCs.

1 Um die Bootreihenfolge festzulegen, rufen Sie im BIOS- Hauptmenü das Untermenü *Advanced BIOS Features* auf.

▶ Advanced BIOS Features

2 Hier finden Sie bei neueren BIOS-Versionen die zusammenhängenden Einträge *First Boot Device*, *Second Boot Device* und *Third Boot Device*. Tragen Sie

First Boot Device	HDD-0
Second Boot Device	Floppy
Third Boot Device	CDROM

hier der Reihe nach die Laufwerke ein, von denen das Betriebssystem gestartet werden soll. Das BIOS wird stets versuchen, vom bei *First Boot Device* angegebenen Laufwerk zu booten. Gelingt dies nicht, probiert es das bei *Second Boot Device* eingetragene, dann das von *Third Boot Device*.

3 Wenn Sie jeden Eintrag jeweils mit Enter öff- nen, erhalten Sie eine übersichtliche Auswahl der möglichen Werte. Zur Auswahl stehen das Disketten- laufwerk (*Floppy*), ein angeschlossenes ZIP-Laufwerk (*LS/ZIP*), bis zu vier Festplatten (*HDD-0* bis *HDD-3*, entsprechend Primary Master bis Secondary Slave) sowie eventuell vorhandene SCSI- und CD- ROM-Laufwerke. Außerdem können Sie über das

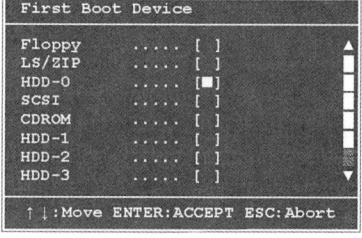

Netzwerk (*LAN*) booten oder auf die Angabe eines Bootlaufwerks verzichten (*Disable*), was Sie aber zumindest bei *First Boot Device* nicht tun sollten.

Die optimale Bootreihenfolge

Die optimale Wahl der Bootreihenfolge hängt von verschiedenen Faktoren ab. Als ers- tes Bootlaufwerk sollte im Normalfall eine Festplatte gewählt werden. Dies garantiert einen zügigen Start des Betriebssystems. Ein Diskettenlaufwerk als erste Bootquelle empfiehlt sich aus Sicherheitsgründen nicht. Sonst besteht die Gefahr, dass eine versehentlich im Laufwerk verbliebene Diskette mit einem Bootvirus das gesamte Sys- tem infiziert. Eine Diskette bietet sich als zweites Bootlaufwerk an, damit man eine Notfalldiskette nutzen kann, falls der Start von der Festplatte einmal nicht klappen sollte. CD-ROM-Laufwerke sollten nur in Ausnahmefällen oder als drittes Bootlaufwerk eingetragen werden.

Tipp

Die Bootreihenfolge bei älteren BIOS-Versionen einstellen

Bei älteren BIOS-Versionen lässt sich die Bootreihenfolge meist nicht ganz so komforta- bel und flexibel einstellen. Das Grundprinzip ist aber auch dort das gleiche.

1 Rufen Sie im BIOS-Hauptmenü das Untermenü *BIOS Features Setup* auf.

> ▶ BIOS Feature Setup

2 Bewegen Sie hier die Markierung auf den Menüeintrag *Boot Sequence*.

3 Wechseln Sie dann mit den Tasten (Bild↑) bzw. (Bild↓) durch die verschiedenen Einstellungsmöglichkeiten. Dabei finden Sie alle wesentlichen Kombinationen für die Startreihenfolge anhand des Laufwerkbuchstabens. *C,A* bedeutet z. B., dass zunächst von der ersten Festplatte gebootet wird. Ist dies nicht möglich, greift das BIOS auf das erste Diskettenlaufwerk zu. Je nach Ausstattung finden sich weitere Laufwerke wie z. B. *CDROM* und die entsprechenden Kombinationen.

Datenzugriff auf Laufwerke beschleunigen

Der Zugriff auf angeschlossene Laufwerke – seien es nun Festplatten, CD-ROM-Leser und -Brenner oder ZIP-Laufwerke – hängt von einer ganzen Reihe von Faktoren ab, die sich auch auf die Geschwindigkeit auswirken, mit der Daten auf diesen Laufwerken gelesen und geschrieben werden können. Immer wieder kommt es vor, dass die Speicherlaufwerke mit konservativen Standardeinstellungen betrieben werden, womit sie zwar anstandslos laufen, aber einen erheblichen Teil ihrer Leistungsfähigkeit einbüßen. Insbesondere langsame Festplatteneinstellungen können ein ansonsten gut konfiguriertes Windows-System spürbar ausbremsen. Vor allem wenn der Arbeitsspeicher voll ist und ausgelagert werden muss, kommt es dann immer wieder zu unnötigen Wartezeiten beim Arbeiten mit den Anwendungen.

Die optimale Master-/Slave-Konfiguration wählen

Wie vorangehend bereits beschrieben, können bei einem handelsüblichen PC bis zu vier Laufwerke an die IDE-Schnittstelle angeschlossen werden. Diese unterteilt sich in die zwei Kanäle Primary und Secondary mit jeweils einem Master- und einem Slave-Anschluss. Schon durch das geschickte Anschließen der Geräte an diese Kanäle lässt sich die Geschwindigkeit eines PCs spürbar steigern. Wenn Sie z. B. zwei Festplatten verwenden, sollte die eine als Primary Master und die zweite als Secondary Master angeschlossen werden. Da die beiden IDE-Kanäle unabhängig voneinander arbeiten, können so Zugriffe auf verschiedene Laufwerke parallel erfolgen. Denselben Effekt können Sie sich auch bei Kombinationen von CD-ROM-Lesern und -Brennern zu Nutze machen. Dabei sollte der Leser am einen und der Brenner am anderen Kanal angeschlossen werden. So sind direkte Kopien von einer CD-ROM auf eine andere bei maximaler Geschwindigkeit und Sicherheit möglich. Ansonsten gilt bei IDE-Anschlüssen, dass innerhalb eines Kanals stets das schnellere Laufwerk (z. B. Festplatte statt CD-ROM) als Master angeschlossen werden sollte.

Den richtigen Zugriffsmodus für jedes Gerät einstellen

Der Zugriff auf Festplatten und CD-Laufwerke kann nach verschiedenen Standards erfolgen, die zu unterschiedlichen Geschwindigkeiten führen. Welcher Standard jeweils der richtige ist, hängt vom Laufwerk ab, das den entsprechenden Zugriffsmodus unterstützen muss. Es empfiehlt sich, den jeweils schnellsten möglichen Modus zu verwenden. Moderne BIOS-Versionen können meist automatisch erkennen, welche Standards ein angeschlossenes Laufwerk unterstützt, und stellen sich darauf ein. Bei älteren BIOS-Versionen (und Laufwerken) lohnt es sich aber, diese Einstellungen zu überprüfen bzw. von Hand vorzunehmen, um wirklich die maximal mögliche Geschwindigkeit zu erzielen.

PIO, UDMA & Co.

Der älteste heute noch gebräuchliche Transferstandard heißt PIO und wird nur noch von älteren Geräten verwendet. Neuere Systeme sind aber abwärtskompatibel, d. h., Sie können alte Laufwerke (mit der alten Geschwindigkeit) auch weiterhin verwenden. PIO kann bis zu 16,6 MByte/s übertragen, belastet dabei aber den Prozessor sehr stark. Der Nachfolger DMA erreicht ähnliche Geschwindigkeiten, kann aber die Daten unter Umgehung des Prozessors selbst direkt in den Arbeitsspeicher transferieren. Dadurch bleibt der Prozessor für andere Aufgaben frei, was das System insgesamt deutlich beschleunigt. UDMA, auch als Ultra ATA bezeichnet, ist die Weiterentwicklung von DMA, mit der sich – theoretisch – Geschwindigkeiten bis 133 MByte/s erreichen lassen. Einen Überblick über die verschiedenen Standards und Geschwindigkeiten gibt die folgende Tabelle.

Transfermodus	Maximale Transferrate (in MByte/s)
PIO 0	3,3
PIO 1	5,3
PIO 2	8,5
PIO 3	11,1
PIO 4	16,6
Singleword-DMA 0	2,1
Singleword-DMA 1	4,2
Singleword-DMA 2	8,3
Multiword-DMA 0	4,16
Multiword-DMA 1	13,3
Multiword-DMA 2	16,6
UDMA 0	16,6

Transfermodus	Maximale Transferrate (in MByte/s)
UDMA 1	25
UDMA 2	33,3
UDMA 3	45
UDMA 4	66,6
UDMA 5	100
UDMA 6	133

Den optimalen PIO-Modus einstellen

1 Um den Transfermodus für ein angeschlossenes Laufwerk festzulegen, sollten Sie sich zunächst in der Dokumentation dieses Produkts informieren, welchen schnellsten Standard dieses Gerät unterstützt. Überprüfen Sie außerdem, mit welchem IDE-Anschluss dieses Laufwerk verbunden ist (z. B. Primary Master).

2 Rufen Sie dann im BIOS-Hauptmenü das Untermenü *Integrated Peripherals* (bzw. *Peripheral Setup*) auf.

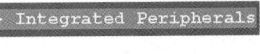

3 Hier finden Sie für jeden IDE-Anschluss eine Einstellungsmöglichkeit für den PIO- und den DMA- bzw. UDMA-Transfermodus. Die genaue Aufteilung dieser Einstellungen kann bei verschiedenen BIOS-Versionen anders aussehen. So sind sie z. B. teilweise nicht nach Transferstandard, sondern nach IDE-Kanal unterteilt.

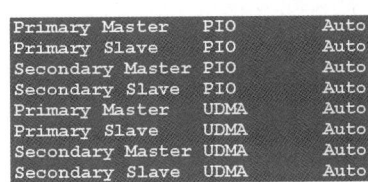

4 Um den PIO-Modus für ein Laufwerk manuell festzulegen, bewegen Sie die Markierung auf den passenden Menüeintrag (z. B. *Primary Master PIO*). Dann können Sie mit (Bild↑) bzw. (Bild↓) durch die verschiedenen Modi schalten. *Auto* aktiviert – soweit möglich – die automatische Erkennung des besten Transfermodus.

5 Alternativ öffnen Sie mit (Enter) das Auswahlmenü, in dem alle möglichen Einstellungen übersichtlich angezeigt und mit den Pfeiltasten und einem erneuten (Enter) ausgewählt werden können.

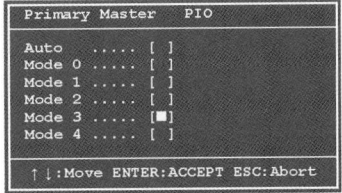

Den UDMA-Transfer deaktivieren

Der UDMA-Transfermodus lässt sich bei den meisten BIOS-Versionen nicht explizit einstellen, da er eigentlich stets automatisch erkannt werden sollte. Allerdings bieten praktisch alle BIOS-Setups die Möglichkeit, den UDMA-Standard für bestimmte IDE-Anschlüsse ausdrücklich zu deaktivieren. Dies bietet sich an, wenn Sie an einem Anschluss ein älteres Gerät betreiben wollen. Insbesondere bei CD-ROM- und DVD-Laufwerken gibt es noch immer Modelle auf dem Markt, die mit DMA- bzw. UDMA-Transfers nicht gut zurechtkommen. Hier kann eine künstliche Beschränkung auf PIO einen zwar langsamen, dafür aber problemlosen Zugriff sicherstellen.

1 Die UDMA-Einstellungen finden Sie in der Regel in unmittelbarer Nähe der PIO-Optionen, also meist im Untermenü für *Integrated Peripherals*.

2 Hier können Sie wiederum für jeden IDE-Anschluss die UDMA-Einstellungen vornehmen. Dabei stehen jeweils die Optionen *Auto* für automatisches Erkennen des optimalen UDMA-Modus sowie *Disable* für das Deaktivieren von UDMA-Transfers zur Auswahl.

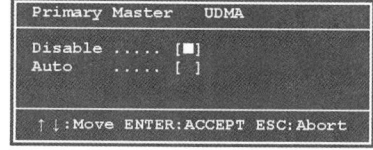

Den Datentransfermodus für Windows aktivieren

Beim Datentransfermodus ist es mit den BIOS-Einstellungen allein nicht getan. Das Betriebssystem Windows muss seinerseits ausdrücklich auf den passenden Übertragungsmodus eingestellt werden. Dazu kann im Geräte-Manager für jeden IDE-Kanal der Transfermodus für jedes angeschlossene Laufwerk konfiguriert werden. Ganz wichtig: Sie können unter Windows nur die Modi anwählen, die vom Windows-Treiber des IDE-Controllers unterstützt werden. Besonders bei älteren Windows-Versionen müssen für die neueren UDMA-Transfermodi aktuelle Treiber eingespielt werden. Windows XP hingegen bringt für die meisten aktuellen Systeme die passenden Treiber gleich mit. Wenn Ihre Hardware einen schnellen Datentransfermodus unterstützt, sich dieser in Windows aber nicht einstellen lässt, sollten Sie unbedingt versuchen, einen aktuellen Windows-Treiber für den Chipsatz Ihrer Hauptplatine zu beschaffen. Ansonsten werden die Laufwerke in einem der langsameren Modi betrieben und verlieren dadurch einen Großteil ihrer Leistungsfähigkeit.

1 Am schnellsten gelangen Sie über den Windows-Arbeitsplatz in die entsprechenden Systemeinstellungen.

Arbeitsplatz

2 Wählen Sie hier links unter *Systemaufgaben* die Funktion *Systeminformationen anzeigen*.

3 Wechseln Sie dann in den Systemeigenschaften ins Register *Hardware* und rufen Sie hier mit der gleichnamigen Schaltfläche den Geräte-Manager auf.

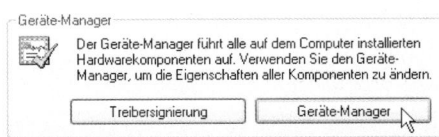

4 Im Geräte-Manager öffnen Sie mit einem Klick auf das vorangestellte Plussymbol die Kategorie *IDE ATA/ATAPI-Controller*. Hier finden Sie jeweils einen Untereintrag *Primärer IDE-Kanal* bzw. *Sekundärer IDE-Kanal*. Bei PCs mit mehr als vier IDE-Anschlüssen finden sich hier ggf. weitere Einträge für die entsprechenden Kanäle.

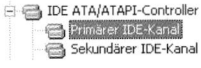

5 Mit einem Doppelklick auf den entsprechenden Eintrag öffnen Sie die Einstellungen für den jeweiligen IDE-Kanal. Wechseln Sie in diesem Menü in die Rubrik *Erweiterte Einstellungen*.

6 Hier können Sie für jeden IDE-Kanal jeweils das *Gerät 0* (Master) oder das *Gerät 1* (Slave) konfigurieren. Bei *Übertragungsmodus* stellen Sie ein, ob dieses Gerät *Nur PIO* oder *DMA, wenn verfügbar* verwenden soll. Im Feld *Aktueller Übertragungsmodus* lässt sich außerdem ablesen, welcher Transfermodus das jeweilige Gerät derzeit (seit dem letzten Systemstart) benutzt. Dies können Sie als Erfolgskontrolle für geänderte Transfereinstellungen nutzen.

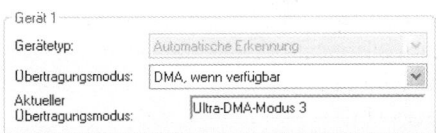

7 Übernehmen Sie die neuen Einstellungen mit *OK*. Anschließend ist in der Regel ein Neustart des gesamten Systems notwendig, damit die Änderungen wirksam werden.

Feintuning für den Datendurchsatz bei Festplatten und CD-ROM-Laufwerken

Neben der grundlegenden Einstellung des Transfermodus gibt es in den meisten BIOS-Versionen eine ganze Reihe von Optionen, mit denen der Datentransfer zwischen Hauptplatine und angeschlossenen Laufwerken beeinflusst und optimalerweiser verbessert werden kann. Im Folgenden stellen wir Ihnen kurz die wichtigsten Funktionen vor, die in dieser oder ähnlicher Form in vielen BIOS-Versionen vorhanden sind.

1 Die Feineinstellungen für Laufwerke finden Sie genau wie die Datentransfermodus-Optionen im Untermenü *Integrated Peripherals* bzw. *Peripheral Setup*.

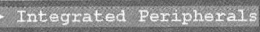

2 Mit der Einstellung *IDE HDD Block Mode* | `IDE HDD Block Mode          Enabled` |
regeln Sie, ob die Daten von Ihren Laufwerken
gleich blockweise anstatt als einzelne Bytes gelesen und geschrieben werden sollen. Dadurch lässt sich der Datentransfer erheblich beschleunigen. Allerdings sollte dieser Modus nur dann mit *Enabled* gewählt werden, wenn ihn alle angeschlossenen Geräte unterstützen und problemlos damit funktionieren.

3 Manche modernen Hauptplatinen verfügen | `IDE Prefetch Mode          Enabled` |
über einen eingebauten Puffer zur Beschleuni-
gung des Datentransfers. Sollten regelmäßig Schreib- und/oder Lesefehler auf Laufwerken vorkommen, könnte das an diesem Puffer liegen. Dann sollten Sie diesen testweise deaktivieren, indem Sie die Option *IDE Prefetch Mode* auf *Disabled* stellen. Solange alles reibungslos läuft, sollte dieser Puffer aber aus Geschwindigkeitsgründen aktiviert bleiben.

4 Mit der Option *Multi-Sector Transfers* legen | `Multi-Sector Transfers     Maximum` |
Sie fest, wie viele Sektoren pro Datenblock über-
mittelt werden. Der standardmäßig automatisch ermittelte Wert ist nicht immer der schnellstmögliche. Bei manueller Wahl sollten Sie aber die Grenzen der angeschlossenen Laufwerke kennen und keinesfalls überschreiten.

5 Die Einstellung *HDD S.M.A.R.T. capability* | `HDD S.M.A.R.T. capability   Enabled` |
bezieht sich auf die Fähigkeit mancher neuerer
Festplatten, selbst die eigene Funktionsfähigkeit zu überwachen und rechtzeitig auf Datenverluste und nachlassende Zuverlässigkeit hinzuweisen. Die ermittelten Daten können mit spezieller Software ausgelesen und ausgewertet werden. Dazu muss aber auch das BIOS diese Funktion unterstützen, und sie sollte im BIOS-Setup mit *Enabled* aktiviert werden. Allerdings findet man diese Funktion bislang nur in höherwertigen (und höherpreisigen) PC-Systemen. Die höhere Sicherheit durch S.M.A.R.T. wird allerdings durch Leistungseinbußen im Bereich von ca. 5 % erkauft.

Die neue superschnelle Festplatte lahmt?

Dank der automatischen Festplattenerkennung ist eine neue Festplatten meist schnell und problemlos eingebaut. Im anschließenden Betrieb wundert man sich dann aber, dass von der versprochenen höheren Geschwindigkeit wenig zu spüren ist.

Dies liegt häufig daran, dass eben doch nicht alles automatisch optimal eingestellt wird. Gerade beim Umstieg auf eine neuere, schnellere Festplatte muss neben den Plattenparametern auch der Übertragungsmodus stimmen. Dabei sind gleich mehrere Einstellungen zu beachten:

1 Zunächst muss der DMA-Modus für die neue Festplatte im BIOS eingeschaltet werden. Stellen Sie dazu sicher, dass für den IDE-Kanal, an den die Festplatte angeschlossen ist, der DMA- bzw. UDMA-Modus aktiviert ist. Dies sollte normalerweise automatisch geschehen, was aber nicht immer klappt.

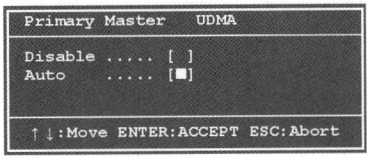

2 Aber nicht nur das BIOS, auch das Betriebssystem muss den schnellen Transfermodus unterstützen. Aktivieren Sie diesen bei Windows im Eintrag des entsprechenden Controllers im Geräte-Manager. Bei älteren

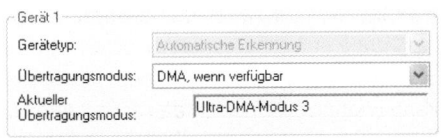

Windows-Versionen müssen häufig aktualisierte Treiber installiert werden, damit dies möglich ist.

Die externen Anschlüsse optimieren

Neben den eingebauten Laufwerken wie Festplatten und CD-ROM-Lese-Laufwerken verfügt jeder PC über eine Reihe von externen Schnittstellen, die ihn mit der Außenwelt verbinden. Dazu zählen Anschlüsse für Maus und Tastatur, aber auch serielle und parallele Schnittstellen für Modem, Drucker und Scanner. In jüngster Zeit kommen außerdem immer häufiger USB- und Infrarotverbindungen hinzu. Alle diese Schnittstellen lassen sich über spezielle Optionen im BIOS-Setup einstellen, damit sie problemlos und mit optimaler Geschwindigkeit laufen.

Ressourcenkonflikte bei den externen Anschlüssen vermeiden

Serielle Schnittstellen bilden die langsamste Möglichkeit, ein externes Gerät oder auch einen anderen Rechner mit einem PC zu verbinden. Deshalb werden sie inzwischen meist nur noch für externe Modems verwendet, wofür die Kapazität des seriellen Anschlusses locker ausreicht. Die Geschwindigkeit wird vom Betriebssystem geregelt und sollte ohnehin immer auf dem höchstmöglichen Wert stehen. Allerdings benötigen auch die seriellen Anschlüsse Ressourcen, die vom BIOS vorgegeben werden können. Dies ist nützlich, wenn es zu Konflikten mit anderer Hardware kommt, die auf genau diese Ressourcen angewiesen ist.

1 Öffnen Sie vom BIOS-Hauptmenü aus das Untermenü *Int* ► Integrated Peripherals

2 Hier finden Sie die Einstellungen für die vorhandenen seriellen Schnittstellen (z. B. *Onboard Serial Port 1* und *Onboard Serial Port 2*), die standardmäßig auf *Auto* stehen, d. h., das BIOS vergibt automatisch geeignete Ressourcen für diese Komponenten.

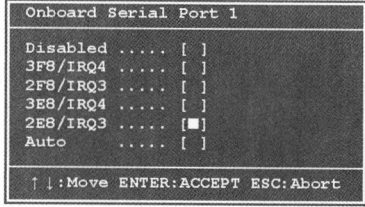

3 Markieren Sie einen der Einträge und öffnen Sie mit Enter die detaillierten Einstellungen dafür. Hier können Sie neben der automatischen Vergabe (*Auto*) eine von mehreren Kombinationen von Speicherbereichen und Interrupts einstellen. Wählen Sie einen aus, der mit der fraglichen Hardwarekomponente nicht in Konflikt steht. Sollten Sie diese serielle Schnittstelle mangels entsprechender Hardware gar nicht verwenden wollen, können Sie den Anschluss auch komplett deaktivieren (*Disabled*). Dann bleiben die dazugehörenden Ressourcen ganz für andere Komponenten frei.

4 Auch die Ressourcen für die parallele Schnittstelle können individuell gesteuert werden. Wählen Sie dazu im gleichen Untermenü die Option *Onboard Parallel Port*. Hier können Sie entweder eine der vordefinierten Kombinationen aus Speicheradresse und Interrupt auswählen oder den parallelen Anschluss mit *Disabled* deaktivieren.

Deaktivierte Anschlüsse markieren!

Das Deaktivieren nicht benötigter Anschlüsse ist eine sinnvolle und praktische Sache. Allerdings ist es erfahrungsgemäß auch eine häufige Fehlerquelle. Viele Benutzer, die später dann doch ein Gerät an die deaktivierte Schnittstelle anschließen wollen, vergessen zwischenzeitlich, dass sie diese abgeschaltet haben. Soll später ein Gerät daran in Betrieb genommen werden, kann das natürlich nicht funktionionieren, und eine mühsame Fehlersuche beginnt. Unser Tipp: Ein kleiner Aufkleber mit einem entsprechenden Hinweis an dem abgeschalteten Anschluss erinnert rechtzeitig an das Problem und kann später viel Ärger ersparen.

Alternative Nutzung für den zweiten seriellen Port konfigurieren

Neuere BIOS-Versionen unterstützen eine Infrarotschnittstelle, mit der Daten z. B. mit Palmtops oder Handys drahtlos ausgetauscht werden können. Ausführlichere Informationen darüber folgen später in diesem Kapitel. Insbesondere preisgünstige Komplett-PCs werden aber gern ohne die erforderliche IR-Empfängerhardware verkauft. Für solche Geräte sind Erweiterungen erhältlich, die allerdings in den meisten Fällen Ressourcen verwenden, die eigentlich für die zweite serielle Schnittstelle vorgesehen sind. Diese muss dann entsprechend umgestellt werden, damit das BIOS sie nicht mehr als seriellen Anschluss, sondern als IR-Modul verwendet.

1 Auch hierfür findet sich die entsprechende Option  wiederum im Untermenü *Integrated Peripherals*.

2 Hier finden Sie bei den entsprechenden  Hauptplatinen die Einstellung *UART 2 Mode*.

3 Für diese Option gibt es je nach BIOS-Version verschiedene Einstellungsmöglichkeiten. Wurde die Hauptplatine ohne IR-Modul ausgeliefert, läuft die zweite Schnittstelle normalerweise im Standardmodus, d. h., sie wird als ganz normale serielle Schnittstelle betrieben.

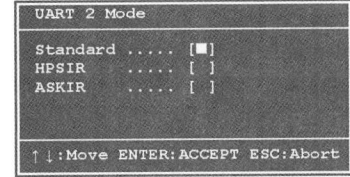

4 Ist ein Infrarotmodul angeschlossen, kann die zweite serielle Schnittstelle abhängig vom verwendeten IR-Modul in einer von zwei Betriebsarten genutzt werden. Für langsamere Module bis 19,2 KByte/s benutzen Sie *ASKIR*. Bei einem Modul mit bis zu 115 KByte/s wählen Sie stattdessen den schnelleren *HPSIR*-Modus.

> **Die zweite serielle Schnittstelle als Infrarotmodul**
>
> Wenn Ihr PC keinen eigenständigen IR-Anschluss hat und stattdessen die zweite serielle Schnittstelle dafür verwendet, sollten Sie Folgendes beachten: Wenn Sie diese Schnittstelle für Infrarotverbindungen umorganisieren, dürfen Sie den zweiten seriellen Anschluss nicht deaktivieren, auch wenn er scheinbar nicht benutzt wird. Die entsprechenden Ressourcen werden vom IR-Modul benötigt. Ebenso können Sie dann kein Gerät an den seriellen Anschluss anschließen, da immer nur das eine oder das andere funktionieren kann.

Troubleshooting: Wenn die neue Maus nicht funktioniert ...

Wenn neue Hardware an einen PC abgeschlossen wird, kann es leicht zu Probleme kommen, insbesondere wenn ein gleiches Gerät mit neuer Anschlusstechnik verwendet wird. So ist der Wechsel von einer Maus mit seriellem Anschluss zu einer mit PS/2- oder USB-Anschluss manchmal mit Fallstricken versehen.

2. Hardwareprobleme durch BIOS-Tricks lösen

1 Wenn Sie von einer seriellen auf eine PS/2-Maus umsteigen, sollten Sie darauf achten, dass  der PS/2-Anschluss im BIOS aktiviert ist. Bei manchen BIOS-Versionen lässt sich dieser deaktivieren, um Ressourcen zu sparen. In diesem Fall finden Sie im Menü *Integrated Peripherals* einen Eintrag *PS/2 Mouse* oder *PS/2 Mouse Function Control*. Bei der Gelegenheit sollten Sie auch gleich die serielle Schnittstelle der alten Maus deaktivieren, wenn sie nicht mehr anderweitig gebraucht wird.

2 Wechseln Sie hingegen zu einer USB-Maus, sollten sich keine Probleme ergeben, sofern Sie bereits andere USB-Komponenten problemlos benutzen können. Ist die Maus allerdings das erste USB-Gerät, müssen Sie auch hier sicherstellen, dass der USB-Controller im BIOS aktiviert ist. Sie finden die entsprechende Option ebenfalls im *Integrated Peripherals*-Menü oder bei einigen BIOS-Varianten auch unter *Advanced Chipset Features*.

Internes Modem funktioniert nicht ...

Auch Störungen bei internen Modems können mit den vorhandenen seriellen Schnittstellen zusammenhängen. Die meisten dieser Geräte richten eine virtuelle serielle Schnittstelle ein, damit sie von allen Anwendungen wie ein übliches externes Modem angesprochen werden können. Diese virtuelle Schnittstelle gerät häufig in Konflikt mit der zweiten seriellen Schnittstelle COM2. Ein Deaktivieren dieser Schnittstelle im BIOS kann das Problem beheben, sofern diese nicht anderweitig gebraucht wird.

Den schnellsten Modus für den Parallelport wählen

Neben den seriellen Schnittstellen verfügen alle PCs nach wie vor über einen parallelen Anschluss. Er wird hauptsächlich zum Anschließen von Druckern verwendet, wobei ihm die USB-Schnittstelle aber allmählich den Rang abläuft. Außerdem verwenden preisgünstige Bildscanner gern den einfacheren und somit billigeren parallelen Anschluss. Da die parallele Schnittstelle eine bewegte Entwicklungsgeschichte hinter sich hat, gibt es eine ganze Reihe von Modi und Standards, die in den meisten BIOS-Versionen eingestellt werden können. Sie sollten unbedingt abhängig von den Fähigkeiten des angeschlossenen Druckers oder Scanners gewählt werden, um maximale Geschwindigkeit zu erreichen.

SPP, ECP, EPP & Co.

Die einfachste Betriebsart für die parallele Schnittstelle wird SPP (Standard Parallel Port) genannt. Sie erlaubt zwischen 150 und 200 KByte/s, was für manche Drucker gerade noch akzeptabel, für die umfangreichen Daten von Bildscannern aber kaum praktikabel ist. Deshalb unterstützen neuere Drucker und vor allem Scanner entweder den EPP-Modus (Enhanced Parallel Port) oder den ECP-Modus (Enhanced Capability Port), die in der Praxis knapp bis zu 1 MByte/s leisten. ECP ist gegenüber EPP um Fehlerkorrektur, einen Datenpuffer und verbesserte Gerätesteuerungen erweitert und im Zweifelsfall zu bevorzugen. Der Übertragungsmodus der Schnittstelle sollte immer passend zum unterstützten Modus des Geräts gewählt werden, da sonst der Standardmodus verwendet wird, was die Übertragungen quälend langsam macht.

1 Der Transfermodus für den parallelen Anschluss wird im 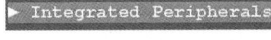 Untermenü *Integrated Peripherals* eingestellt.

2 Hier ist die Option *Onboard Parallel Mode*  dafür zuständig. Markieren Sie diese und drücken Sie (Enter), um das übersichtliche Auswahlmenü mit allen Einstellungsmöglichkeiten anzuzeigen.

3 In neueren BIOS-Versionen sollten hier die Optionen *Normal* für den Standardbetrieb in SPP sowie *EPP* und *ECP* zur Auswahl stehen. Außerdem kann man meistens *ECP* und *EPP* kombinieren, wenn z. B. mehrere Geräte mit verschiedenen Standards an die parallele Schnittstelle angeschlossen sind.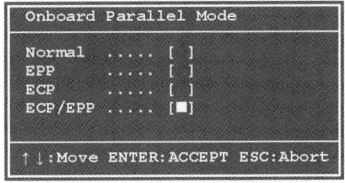

4 Abhängig vom gewählten Übertragungsmodus sind  teilweise weitere wichtige Einstellungen für den parallelen Anschluss verfügbar. Wurde z. B. der *ECP*-Modus (bzw. *ECP/EPP*) gewählt, können Sie mit der Option *ECP Mode Use DMA* einen DMA-Kanal (1 oder 3) vorgeben, den die Schnittstelle benutzen soll. So lassen sich Konflikte mit anderen Hardwarekomponenten lösen.

5 Haben Sie den *EPP*-Modus aktiviert (bzw. die `Parallel Port EPP Type      EPP1.9` Kombination *ECP/EPP* eingestellt), können Sie bei neueren BIOS-Versionen zusätzlich noch mit *Parallel Port EPP Type* die zu verwendende EPP-Version einstellen. Dabei wird zwischen *EPP 1.7* und *EPP 1.9* unterschieden. Versuchen Sie, stets die schnellere 1.9-Version zu verwenden, und gehen Sie nur bei Problemen auf 1.7 zurück.

Die Infrarotschnittstelle optimal einstellen

Die meisten neueren Hauptplatinen unterstützen drahtlose IR-Datenübertragungen. Bei hochwertigen Produkten gehört ein entsprechendes Modul zum Lieferumfang und ist dann meist auch standardmäßig aktiviert. Bei preiswerten Komplettsystemen wird das IR-Modul aus Kostengründen gern eingespart und muss bei Bedarf nachgerüstet und wie vorangehend beschrieben über die zweite serielle Schnittstelle ins System integriert werden. Wenn ein IR-Modul vorhanden und aktiviert ist, stehen in der Regel zwei wichtige Einstellungen zur Verfügung, über die die Datenübertragung per Infrarot optimiert werden kann.

1 Beide Einstellungen finden Sie im Untermenü *Integrated Peripherals*.

`▶ Integrated Peripherals`

2 Mit der Option *IR Function Duplex* legen Sie fest, ob das IR-Modul im Halb-Duplex- (*Half*) oder

`IR Function Duplex          Full`

Voll-Duplex-Verfahren (*Full*) arbeitet. Die optimale Einstellung hängt von dem/den IR-Gerät(en) ab, mit denen der PC kommunizieren soll. Generell ist Voll-Duplex empfehlenswert, da dabei in beide Richtungen gleichzeitig Daten fließen können. Allerdings müssen dann alle zum Einsatz kommenden IR-Geräte diesen Modus unterstützen, was nicht immer der Fall ist.

3 Auch die Option *TX,RX inverting enable* muss – soweit vorhanden – zu den Geräten passen,

`TX,RX inverting enable    No, Yes`

mit denen der PC per Infrarot kommunizieren soll. Als mögliche Einstellungen finden Sie verschiedene Kombinationen, wie die Infrarotschnittstelle Ihres PCs Sende- (*TX*) und Empfangsdaten (*RX*) invertieren soll. So lässt sich die IR-Schnittstelle auch an exotischere Infrarotgeräte anpassen.

Troubleshooting: USB-Tastaturen im BIOS benutzen

Immer mehr Benutzer greifen zu Tastaturen, die über die USB-Schnittstelle angeschlossen werden. Solche Tastaturen haben allerdings einen entscheidenden Nachteil: Für ihre Benutzung wird ein spezieller USB-Treiber benötigt, der erst vom Betriebssystem geladen wird. Erst dann funktioniert die Tastatur ordnungsgemäß. Während des Systemstarts kann man sie aber nicht benutzen, da der Treiber dann noch nicht geladen ist. So kann man z. B. nicht (Entf) drücken, um während des Startvorgangs ins BIOS zu gelangen. Auch die Eingabe eines BIOS-Passworts ist mit einer solchen Tastatur nicht möglich. Neuere BIOS-Versionen kann man aber so einstellen, dass sie beim Start einen eigenen USB-Tastaturtreiber laden, sodass auch USB-Tastaturen im BIOS voll einsetzbar sind.

1 Dazu müssen Sie den PC allerdings mindestens einmal mit einer herkömmlichen Tastatur starten. Gehen

`▶ Advanced Chipset Features`

Sie beim Start mit (Entf) ins BIOS und rufen Sie im Hauptmenü das Untermenü für die *Advanced Chipset Features* auf.

2 Hier ist die Option *USB Keyboard Support* `USB Keyboard Support          Enabled` für den USB-Tastaturtreiber zuständig. Stellen Sie diese auf *Enabled*, um den USB-Treiber des BIOS zu laden.

Die Hardwarekomponenten mit Plug & Play voll im Griff

Zu den wesentlichen Aufgaben des BIOS gehört es, den eingebauten Hardware-komponenten die Kommunikation untereinander zu ermöglichen. Damit alle Hardware-komponenten an dieser Kommunikation teilnehmen können, müssen jeder Komponente bestimmte Ressourcen zugewiesen werden, über die sie für das Betriebssystem ansprechbar ist. Zu diesen Ressourcen gehören Interrupts, DMA-Kanäle und Ein-/Ausgabeadressen (siehe Infobox). Diese Zuweisung geschieht bei neueren PCs automatisch. Dabei spricht man von Plug & Play (etwa „Einstecken und Loslegen"), d. h., theoretisch kann man Hardwarekomponenten einfach einbauen, und die Konfiguration erledigt sich von ganz allein. Leider sieht das in der Praxis längst nicht immer so aus.

IRQ, DMA und E/A-Adressen

Bei den Ressourcen, die per Plug & Play oder ggf. auch manuell verteilt werden, unter-scheidet man drei Arten. Jede Hardwarekomponente benötigt mindestens eine davon, allerdings nicht unbedingt alle. Interrupts (IRQs) dienen zum Signalisieren von Daten-übermittlungen. Hardwaretechnisch handelt es sich dabei um spezielle Steuerleitungen, mit denen eine Hardwarekomponente dem Prozessor signalisiert, dass sie Daten zur Verarbeitung hat. DMA-Kanäle werden für den direkten Zugriff einer Hardware-komponente auf den Arbeitsspeicher verwendet. Durch den direkten Transfer wird der Prozessor entlastet und kann sich wichtigeren Aufgaben widmen. Ein-/Ausgabeadressen (auch E/A- oder I/O-Adressen genannt) bezeichnen bestimmte Bereiche des Arbeits-speichers, die eine Hardwarekomponente zum Zwischenlagern von Daten benutzen kann. Erfahrungsgemäß ist die Verteilung von IRQs und DMA-Kanälen besonders kritisch, weil diese nur begrenzt vorhanden sind und viele Erweiterungskarten nur bestimmte Ressourcen nutzen können.

Die Ressourcenverteilung per Plug & Play aktivieren

Prinzipiell gibt es für die Ressourcenverteilung per Plug & Play zwei Möglichkeiten: Zum einen kann das Betriebssystem diese Verteilung beim Start automatisch vornehmen. Zum anderen kann das BIOS selbst die vorhandenen Ressourcen automatisch auf die eingebauten Hardwarekomponenten verteilen. Letztere Möglichkeit sollten Sie immer dann wahrnehmen, wenn Sie ein Betriebssystem verwenden, das gar keine Plug & Play-Funktionalität bietet bzw. die automatische Zuteilung von Ressourcen nicht perfekt beherrscht. Dies ist z. B. bei älteren Windows 9x- und NT-Versionen und gelegentlich auch bei Windows 2000 der Fall, inbesondere aber bei reinen DOS- und teilweise auch Linux-Systemen.

1 Um die Ressourcenverteilung im BIOS zu steuern, star- ► PnP/PCI Configurations ten Sie das BIOS-Setup und wählen im Hauptmenü das Untermenü *PnP/PCI Configurations* (bzw. *PNP and PCI Setup* oder *PCI/Plug & Play Setup*).

2 Hier finden Sie ganz oben die Einstellung *PNP OS Installed* (teilweise heißt sie auch *Plug & Play aware OS*). Wenn ein Plug & Play-fähi- PNP OS Installed   Yes ges Betriebssystem wie Windows auf dem PC einge-setzt wird, sollten Sie diese Option grundsätzlich auf *Yes* setzen. Das BIOS beschränkt sich dann auf die Konfigurationsmaßnahmen, die zum reibungslosen Start des PCs erforderlich sind.

3 Soll das BIOS hingegen die komplette Ressourcenverteilung erledigen, wählen Sie die Option *No*. Das BIOS konfiguriert die Ressourcen der Hardwarekomponenten dann komplett, bevor das Betriebssystem gestartet wird.

Troubleshooting: Die Neuverteilung der Ressourcen erzwingen

Die automatische Verteilung der Ressourcen – egal ob per Betriebssystem oder per BIOS – klappt nicht immer hundertprozentig. Insbesondere wenn Sie eine zusätzliche Hardware-komponente in ein bereits konfiguriertes System einbauen, kann es zu Problemen kommen. Wenn z. B. eine neue Erweiterungskarte nur mit bestimmten Interrupts funktioniert, die alle schon belegt sind, kann sie unter Umständen nicht in Betrieb genommen werden, weil sie mit den noch freien Interrupts nichts anfangen kann. In solchen Fällen können Sie eine komplette Neuverteilung der vorhandenen Ressourcen erzwingen, durch die solche Probleme typischerweise gelöst werden.

1 Öffnen Sie dazu wiederum im BIOS-Setup das Untermenü ► PnP/PCI Configurations *PnP/PCI Configurations*.

2 Setzen Sie hier die Option *Reset Configura-* Reset Configuration Data   Enabled *tion Data* auf *Enabled*.

3 Speichern Sie dann die BIOS-Einstellungen und führen Sie einen Neustart des PCs durch. Dabei verteilt das BIOS die vorhandenen Ressourcen komplett neu.

4 Anschließend setzt es die Option *Reset Configuration Data* automatisch wieder auf *Disabled*, sodass es nicht bei jedem Neustart zu einer Neuverteilung kommt.

Ressourcenkonflikte bei der automatischen Plug & Play-Konfiguration von Windows auflösen

Wenn es zu Konflikten bei der Ressourcenverteilung kommt, merken Sie das schnell an Fehlermeldungen und am Nicht-Funktionieren bestimmter Hardwarekomponenten. Wenn Sie ein Plug & Play-fähiges Betriebssystem wie Windows verwenden, sollten Sie unbedingt immer erst versuchen, mit dessen Mitteln die Ressourcenverteilung manuell zu korrigieren und die Konflikte so aufzulösen.

1 Bei Windows ist dafür der Geräte-Manager zuständig. Bei älteren Windows-Versionen finden Sie ihn als Modul in der Systemsteuerung. Bei Windows XP führt der schnellste Weg über den Arbeitsplatz und die Systemaufgabe *Systeminformationen anzeigen*.

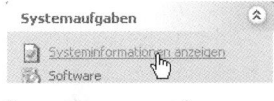

2 Wechseln Sie in den Systeminformationen in das Register *Hardware* und starten Sie hier den Geräte-Manager.

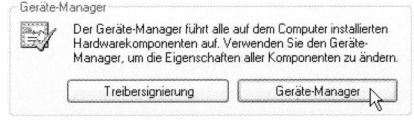

3 Im Geräte-Manager werden alle Hardwarekomponenten Ihres PCs angezeigt. Sollte ein Ressourcenkonflikt vorliegen, erkennen Sie dies hier auf den ersten Blick. Die entsprechende Ressource wird dann mit einem gelben Ausrufezeichen markiert.

4 Um den Konflikt genauer zu untersuchen, öffnen Sie die Eigenschaften dieser Ressource. Dies geht mit einem Doppelklick oder über einen Klick mit der rechten Maustaste auf deren Eintrag und der Wahl der Funktion *Eigenschaften* im anschließenden kontextabhängigen Menü.

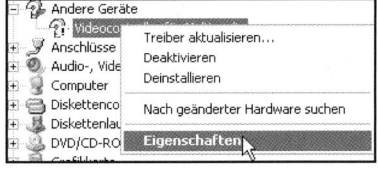

5 Im Eigenschaftenmenü können Sie im Register *Allgemein* zunächst den Gerätestatus ablesen. Hier findet sich meist schon ein deutlicher Hinweis darauf, was mit dieser Komponente nicht stimmt, z. B. welche Art von Ressourcenkonflikt vorliegt. Handelt es sich um ein solches Problem, wechseln Sie in das Register *Ressourcen*.

6 Hier sollten Sie zunächst ganz unten den Bereich *Gerätekonflikt* beachten. Liegt ein Ressour-

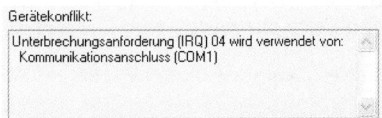

cenkonflikt vor, wird hier ganz genau beschrieben, um welche Ressource es sich handelt und welches andere Gerät davon betroffen ist.

7 Wenn dieser Konflikt durch die automatische Ressourcen- 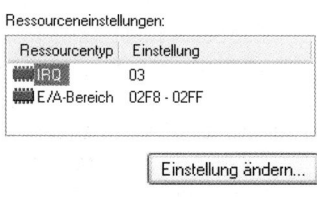 verteilung verursacht wurde, sollten Sie zunächst die Option *Automatisch konfigurieren* ausschalten.

8 Wählen Sie dann im Bereich *Ressourcenein-stellungen* die Ressource aus, die den Konflikt verur-sacht.

9 Klicken Sie nun auf die Schaltfläche *Einstellung ändern*.

10 Damit öffnen Sie ein zusätzliches Menü, in dem Sie diese Ressourcenein-stellung bearbeiten können. Ändern Sie dazu den Wert der Ressource so lange, bis im Bereich *Konfliktinformation* die Mel-dung *Es liegen keine Gerätekonflikte vor* angezeigt wird. Sollte eine manuelle Än-derung der Werte nicht möglich sein, wird diese Funktion von diesem Gerät bzw. dem verantwortlichen Treiber nicht unterstützt. In diesem Fall können Sie versuchen, die Einstellung des anderen am Konflikt be-teiligten Geräts zu ändern oder anderwei-tig die Systemkonfiguration so zu verän-dern, dass die automatische Verteilung erfolgreich ist.

11 Übernehmen Sie den neuen Wert dann mit *OK* und schließen Sie die Eigenschaf-ten des Geräts mit einem weiteren *OK*.

12 Anschließend ist ein Neustart des PCs erforderlich, damit die neuen Einstellungen für die Hardwarekomponenten in Kraft treten können.

Troubleshooting: Wenn die automatische Ressourcenverteilung nicht klappen will ...

Leider kommt es immer wieder zu Konflikten, die sich auch durch manuelle Eingriffe in die Ressourcenverteilung von Windows nicht ohne weiteres lösen lassen. Das liegt häufig daran, dass auch Plug & Play-Komponenten nur bestimmte Ressourcen nutzen können. Außerdem stehen für Erweiterungskarten abhängig vom verwendeten Einbauslot teilweise nur bestimmte Ressourcen zur Auswahl. Überschneiden sich diese Einschränkungen unglücklich, scheitert das Betriebssystem teilweise an der Vergabe der Ressourcen für alle Komponenten. Dann können Sie sich aber häufig mit kleinen Tricks helfen:

1 Wenn eine neue Karte in einem Slot partout nicht laufen will, versuchen Sie es einfach mal in einem anderen freien Einschub. Sind schon alle belegt, kann auch das Tauschen von zwei Erweiterungskarten durchaus einen Erfolg bringen. Bei älteren AGP-Systemen sollten Sie den ersten PCI-Slot möglichst nicht nutzen, da dieser sich den Interrupt mit der AGP-Grafikkarte zwangsweise teilen muss und deshalb in diesem Fall keine freie Ressourcenvergabe möglich wäre. Bei vielen Hauptplatinen muss sich auch einer der PCI-Steckplätze den Interrupt mit der USB-Schnittstelle teilen. Sollte es einen Konflikt einer Erweiterungskarte mit USB-Funktionen geben, setzen Sie die Karte versuchsweise in einen anderen Steckplatz.

2 In manchen Fällen ist eine Ressourcenvergabe theoretisch zwar möglich, aber das BIOS bzw. das Betriebssystem scheitert daran. Das kann insbesondere bei Hardwarekomponenten passieren, die sich nicht hundertprozentig an ihre Spezifikationen halten. Ein ähnliche Situation tritt auch dann ein, wenn man z. B. eine ältere Erweiterungskarte ohne Plug & Play-Funktion in einem modernen Plug & Play-System ans Laufen bekommen will. Im nachfolgenden Abschnitt beschreiben wir, wie Sie in solchen Fällen Ressourcen im BIOS manuell für bestimmte Komponenten reservieren können.

3 Manchmal scheitert die erfolgreiche Ressourcenvergabe ganz einfach daran, dass keine freien Ressourcen mehr vorhanden sind. Das kann insbesondere bei Systemen geschehen, die durch mehrere Erweiterungskarten aufgerüstet wurden. In solchen Fällen ist es aber häufig möglich, Ressourcen freizumachen, indem z. B. nicht genutzte Komponenten deaktiviert werden. Wie Sie auf diese Weise zusätzliche Ressourcen schaffen, lesen Sie am Ende dieses Kapitels.

Ressourcen manuell verteilen

Die automatische Verteilung der Ressourcen per BIOS oder Betriebssystem wird in den meisten Fällen problemlos funktionieren, insbesondere wenn Sie sowohl eine aktuelle Hauptplatine als auch aktuelle Erweiterungskomponenten verwenden. Zu Problemen kann es kommen, wenn Sie ältere Hardware weiterverwenden wollen. Insbesondere alte ISA-Erweiterungskarten ohne Plug & Play-Funktion lassen sich oftmals nur schwierig in Gang bringen. In solchen Fällen können Sie sich häufig damit behelfen, die automatische Ressourcenverteilung außer Kraft zu setzen. Zwar können Sie die Einstellungen in den meisten BIOS-Versionen nicht bis ins letzte Detail vornehmen, zumindest aber bieten alle neueren Versionen die Möglichkeit, einzelne Ressourcen für bestimmte Geräte zu reservieren, wodurch sich potenzielle Konflikte vermeiden lassen.

Die automatische Ressourcenkontrolle des BIOS deaktivieren

1 Um die automatische Ressourcenkontrolle zu vermeiden, rufen Sie im Hauptmenü des BIOS-Setup das Untermenü *PnP/PCI Configurations* auf.

2 Hier finden Sie die Einstellung *Resources Controlled By*, mit der die automatische Ressourcenkontrolle gesteuert 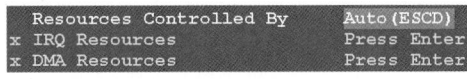 wird. Standardmäßig steht sie auf *Auto* bzw. *ESCD*, d. h., das BIOS vergibt die Ressourcen ganz automatisch.

3 Wenn Sie bestimmte Ressourcen manuell reservieren wollen, ändern Sie diese Einstellung auf die Option *Manual*. Daraufhin werden zusätzliche BIOS-Optionen in diesem Menü aktiviert, mit denen Sie die Reservierungen vornehmen können.

Tipp

Manuelle Ressourcenkontrolle funktioniert nur mit APM

Bei Windows 2000 und XP funktioniert die manuelle Reservierung von Ressourcen nur, wenn der Rechner den APM-Energiesparmodus verwendet (und nicht bei ACPI). Wenn dies nicht der Fall ist, können Sie Windows auch nachträglich von ACPI auf den alten APM-Modus umstellen. Im ACPI-Modus ignorieren diese Windows-Versionen in den meisten Fällen die manuellen Einstellungen des BIOS und vergeben die Ressourcen trotzdem weiter selbst. Um von ACPI auf APM zu wechseln, benutzen Sie den Geräte-Manager und installieren einen neuen Treiber für das Gerät *Computer*. Entscheiden Sie sich dabei dafür, den zu installierenden Treiber manuell zu wählen, und treffen Sie dann die Auswahl *Standard PC*. Nach einem Neustart arbeitet Windows im APM-Modus. Mehr über den Energiesparmodus lesen Sie in Kapitel 4.

IRQs und DMAs für alte ISA-Erweiterungskarten manuell reservieren

Moderne BIOS-Versionen unterscheiden zwischen neueren Plug & Play-fähigen PCI- bzw. ISA-Karten und alten ISA-Karten ohne Plug & Play-Funktionen. Wenn bestimmte Ressourcen für eine alte ISA-Karte verwendet werden sollen, können Sie diese entsprechend reservieren. Sie werden dann nicht per Plug & Play zugewiesen, sondern bleiben frei und können von der ISA-Karte verwendet werden. Diese Einstellungen können je nach BIOS-Version für IRQs, DMA-Kanäle und E/A-Adressbereiche vorgenommen werden.

Windows und die manuelle Ressourcenreservierung

Wie wir vorangehend beschrieben haben, verteilt Windows seine Ressourcen immer selbstständig, auch wenn im BIOS-Setup die Kontrolle durch das BIOS eingestellt ist. Allerdings berücksichtigt Windows die im BIOS-Setup vorgenommenen manuellen Reservierungen in der Regel, sodass sich in schwierigen Fällen auch die Ressourcenverteilung von Windows auf diesem Wege beeinflussen lässt.

1 In solchen Fällen sollten Sie zunächst feststellen, welche Ressourcen die fragliche Erweiterungskarte benötigt, bzw. sollten die Karte schon vor dem Einbau entsprechend einstellen, wenn die Konfiguration per Hardwareschalter erfolgen muss. Stellen Sie sicher, dass diese Ressourcen von keiner anderen Hardwarekomponente benötigt werden.

2 Wechseln Sie dann wiederum in das BIOS-Untermenü *PnP/PCI Configurations*. Wenn

Resources Controlled By	Manual

hier die *Resources Controlled By*-Option auf *Manual* steht (siehe oben), können Sie darunter die Ressourcenreservierungen vornehmen.

3 Um einen Interrupt exklusiv für eine ISA-Karte

▶ IRQ Resources	Press Enter

zu reservieren, bewegen Sie die Markierung auf *IRQ Resources* und drücken dann (Enter).

4 Damit gelangen Sie in das Untermenü *IRQ Resources*, in dem Sie für jeden verfügbaren Interrupt festlegen können, ob er für eine Plug & Play-fähige *PCI/ISA PnP*-Karte oder für eine alte, noch nicht Plug & Play-fähige *Legacy ISA*-Karte verwendet werden soll. Wählen Sie hier den Interrupt aus, auf den die ISA-Karte einge-

IRQ-3	assigned to	PCI/ISA PnP
IRQ-4	assigned to	Legacy ISA
IRQ-5	assigned to	PCI/ISA PnP
IRQ-7	assigned to	PCI/ISA PnP
IRQ-9	assigned to	Legacy ISA
IRQ-10	assigned to	PCI/ISA PnP
IRQ-11	assigned to	PCI/ISA PnP
IRQ-12	assigned to	PCI/ISA PnP
IRQ-14	assigned to	PCI/ISA PnP
IRQ-15	assigned to	PCI/ISA PnP

stellt ist, und stellen Sie ihn auf *Legacy ISA*. Dadurch wird dieser Interrupt vom BIOS bei der Ressourcenvergabe ignoriert und bleibt für die ISA-Karte frei.

5 Nach dem gleichen Prinzip können Sie auch DMA-Kanäle und E/A-Adressbereiche für alte ISA-Karten exklusiv reservieren.

6 Speichern Sie anschließend die BIOS-Einstellungen und starten Sie den PC neu. Überprüfen Sie, ob die Ressourcenverteilung mit den Reservierungen klappt und ob auch alle anderen Hardwarekomponenten ihre benötigten Ressourcen erhalten.

Nur freie Ressourcen reservieren

Dass IRQs und DMA-Kanäle im BIOS angezeigt werden, heißt nicht, dass diese Ressourcen nicht vielleicht von anderen Hardwarekomponenten benötigt werden. Bevor Sie bestimmte Ressourcen exklusiv reservieren, sollten Sie deshalb sicherstellen, dass sie nicht von anderen Geräten benötigt werden. Dies können Sie z. B. mit dem Geräte-Manager von Windows überprüfen, der für alle Ressourcen die aktuelle Belegung ausgeben kann. Wenn die benötigte Ressource bereits von einer anderen Plug & Play-Karte belegt wird, besteht immer die Möglichkeit, dass diese Karte sich eine andere Ressource sucht, wenn die alte durch die Reservierung blockiert ist. Dies können Sie aber nur durch praktisches Ausprobieren erfahren.

Probleme mit Interrupt-Sharing lösen

Ein Ansatz zum Überwinden der chronischen Ressourcenknappheit in modernen PCs ist das Interrupt-Sharing, wobei sich mehrere Komponenten einen der kostbaren Interrupts teilen. Das ist eine prima Idee, solange sie funktioniert. Allerdings erweisen sich in der Praxis besonders ältere PCI-Karten als etwas störrisch. Sie stellen sich auf einen Interrupt ein, der auch von anderen Komponenten belegt ist, haben mit dem Teilen dann aber Schwierigkeiten. Das führt dazu, dass diese Komponenten zwar scheinbar ordnungsgemäß konfiguriert sind, tatsächlich aber nicht funktionieren. Leider kann man den Interrupt in diesem Fall auch nicht manuell ändern, weil ja eigentlich kein Konflikt besteht. In der Praxis hat sich zum Lösen solcher Probleme folgende Vorgehensweise bewährt:

1 Ermitteln Sie mithilfe des Windows-Geräte-Managers zunächst, welche Komponenten denselben Interrupt wie die fragliche PCI-Karte benutzen. Häufig sind dies Onboard-Komponenten wie Soundkarte oder Netzwerkadapter.

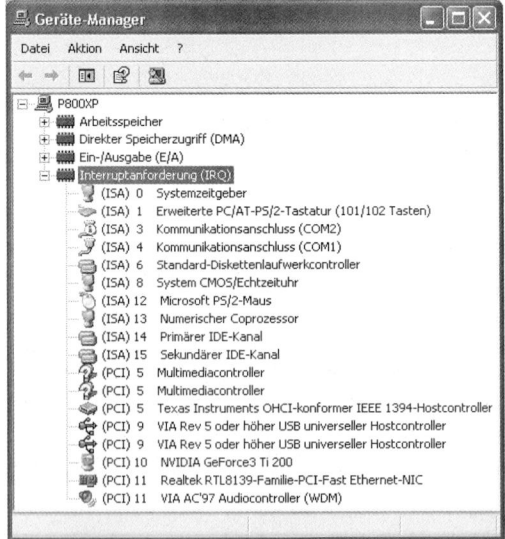

2 Deaktivieren Sie diese Komponenten. Bei Onboard-Komponenten reicht das Deaktivieren per BIOS. Echte Erweiterungskarten müssen Sie ggf. vorübergehend entfernen. Bauen Sie

AGP Driving Value	DA
OnChip USB	Disabled
USB Keyboard Support	Disabled
OnChip Sound	Disabled
OnChip Modem	Disabled
CPU to PCI Write Buffer	Enabled

sicherheitshalber auch die störrische PCI-Karte aus und entfernen Sie ggf. verbliebene Treiber aus dem Geräte-Manager.

3 Bauen Sie dann zunächst nur die problematische Komponente wieder ein, sodass diese den umkämpften Interrupt erst mal für sich allein hat. Testen Sie dann, ob die Komponente nun ordnungsgemäß funktioniert. Wenn ja, lag das Problem tatsächlich am Interrupt-Sharing.

4 Wenn Sie den anderen betroffenen Komponenten andere Ressourcen zuweisen können, ist dies die sicherste Vorgehensweise. Andernfalls können Sie aber auch versuchen, die anderen Komponenten nach und nach wieder zu aktivieren. Meist gelangt man so zu einem komplett funktionsfähigen System. Zumindest aber kann man so genau feststellen, welche der anderen Komponenten am Konflikt beteiligt ist, und für diese ggf. nach einer Alternative suchen (z. B. den Onboard-Sound durch eine eigene Soundkarte ersetzen).

Ressourcen durch Deaktivieren von Onboard-Funktionen einsparen

Wer seinen PC mit Erweiterungskarten ausrüsten will, kann eigentlich nie genug Ressourcen haben. Allerdings sind insbesondere IRQs und DMA-Kanäle nun mal nur in begrenzter Menge vorhanden. Was, wenn schon alle belegt sind oder wenn eine Erweiterungskarte mit den vorhandenen Ressourcen nicht zusammenarbeiten will? Dann können Sie immer noch die Möglichkeit überprüfen, ob Sie bestimmte Hardwarekomponenten, die Ressourcen belegen, überhaupt benötigen.

Onboard-Funktionen durch Erweiterungskomponenten ersetzen

Von Onboard-Funktionen spricht man, wenn Hauptplatinen Funktionen beinhalten, die ursprünglich von Erweiterungskomponenten bedient wurden. Musste man früher für den Sound am PC grundsätzlich eine Soundkarte installieren, so ist diese heutzutage meist schon in die Hauptplatine integriert. Ähnliche Onboard-Funktionen gibt es für die Grafik, für Netzwerkanschlüsse, Modems, SCSI-Controller usw. Onboard-Funktionen sind preiswerter als zusammengesteckte Komplettsysteme und werden deshalb gerade bei günstigen Komplett-PCs bevorzugt verwendet. Allerdings sind sie insbesondere im Bereich Grafik und Sound häufig längst nicht so leistungsfähig wie spezielle Erweiterungskarten. Deshalb kann es durchaus sinnvoll sein, z. B. ein Onboard-Grafikmodul durch eine aktuelle 3-D-Grafikkarte zu ersetzen. In diesem Fall muss die entsprechende Onboard-Komponente aber unbedingt deaktiviert werden. Abgesehen von den dadurch frei werdenden Ressourcen würden zwei gleichzeitig vorhandene Grafikkomponenten (oder Soundkarten, Netzwerkadapter u. Ä.) unnötig für Verwirrung und Probleme sorgen.

1 Wie schon beschrieben, gehören die seriellen und parallelen Schnittstellen zu den heißesten Kandidaten für die Freigabe von Ressourcen. Im BIOS-Untermenü *Integrated Peripherals* finden Sie die Einstellungen *Onboard Serial Port 1* und *Onboard Serial Port 2* vor. Um eine oder beide Schnittstellen zu deaktivieren, wählen Sie die Option *Disabled*.

| Onboard Serial Port 1 | Disabled |
| Onboard Serial Port 2 | Disabled |

2 Im gleichen Menü können Sie auch den parallelen Anschluss deaktivieren, wenn Sie keinen Drucker oder Scanner daran angeschlossen haben. Stellen Sie dazu die Option *Onboard Parallel Port* auf *Disabled*.

| Onboard Parallel Port | Disabled |

3 Ein eingebauter Joystick-Anschluss lässt sich mit *Game Port* auf *Disabled* deaktivieren.

| Game Port (200-207H) | Disabled |

4 Sollten Sie kein Diskettenlaufwerk angeschlossen haben, können Sie den Anschluss für diese Laufwerke ebenfalls deaktivieren. Setzen Sie dazu die Einstellung *Onboard FDD Controller* auf *Disabled*. Diese Maßnahme ist aber nur bedingt zu empfehlen, da ein Diskettenlaufwerk immer mal wieder nützlich sein kann, wenn man z. B. das Betriebssystem nur noch mit einer Notfalldiskette starten kann.

| Onboard FDD Controller | Disabled |

5 Durchaus sinnvoll hingegen kann es sein, den zweiten IDE-Kanal (Secondary) zu deaktivieren, wenn Sie ohnehin nur zwei Laufwerke (z. B. eine Festplatte und ein CD-ROM-Laufwerk) verwenden. Schließen Sie beides an den ersten Kanal an und deaktivieren Sie dann den zweiten Kanal durch das Einstellen von *OnChip IDE Channel1* auf *Disabled*.

| OnChip IDE Channel1 | Disabled |

6 Eine weitere Möglichkeit ist das Deaktivieren einer vorhandenen USB-Schnittstelle, wenn Sie keine solchen Geräte an den PC anschließen wollen. Dann können Sie im BIOS-Untermenü *PnP/PCI Configurations USB* deaktivieren, indem Sie die Einstellung *Assign IRQ For USB* auf *Disabled* setzen.

| Assign IRQ Für USB | Disabled |

Troubleshooting: Wenn der Rechner nicht mehr starten will ...

Manchmal kann ein Ressourcenkonflikt dazu führen, dass Windows gar nicht mehr starten will. Die Treiber der beteiligten Komponenten blockieren sich gegenseitig, sodass der Startprozess zum Erliegen kommt. Bevor Sie den PC aufschrauben und die fraglichen Hardwarekomponenten entfernen, gibt es eine Möglichkeit, den PC nur per Software wieder zum Leben zu erwecken:

1 In diesem Fall ist wie bei vielen Hardwareschwierigkeiten der abgesicherte Modus von Windows die besten Wahl. Drücken Sie dazu zu Beginn der Windows-Startphase die Taste (F8). Dadurch gelangen Sie in ein Auswahlmenü, in dem Sie *Abgesicherter Modus* auswählen können.

```
Erweiterte Windows-Startoptionen
Wählen Sie eine Option aus:

    Abgesicherter Modus
    Abgesicherter Modus mit Netzwerktreibern
    Abgesicherter Modus mit Eingabeaufforderung

    Startprotkollierung aktivieren
    VGA-Modus aktivieren
    Letzte als funktionierend bekannte Konfiguration
    Verzeichnisdienstwiederherstellung (Windows-Domänencontroller)
    Debugmodus

    Windows normal starten
    Neustarten
    Zum Betriebssystemauswahlmenü zurückkehren

Verwenden Sie Pfeil nach oben bzw. unten, um einen Eintrag zu markieren.
```

2 Im abgesicherten Modus startet Windows in einer Minimalkonfiguration und verzichtet auf das Laden der Treiber für die eingebauten Eweiterungskomponenten. Ist der Startvorgang beendet, können Sie den Geräte-Manager aufrufen und dort die fraglichen Komponenten deaktivieren.

3 Anschließend können Sie Windows in der Regel wieder normal starten und weitere Schritte zur Lösung des Konflikts unternehmen.

Selbstheilungskräfte bei Windows

Im abgesicherten Modus führt Windows darüber hinaus selbstständig eine ganze Reihe von Überprüfungs- und Reparaturfunktionen durch, die unter Umständen wie gerufen kommen können. Insbesondere spontan auftretende Startprobleme, die also nicht auf direkte Änderungen an der Hard- oder Softwarekonfiguration zurückzuführen sind, lassen sich auf diese Weise oftmals beseitigen.

Tipp

3. Stabil und schnell – BIOS-Leistungsbremsen lösen

Das BIOS eines PCs bietet mit seiner Vielzahl von Einstellungsmöglichkeiten auch viele Ansatzpunkte für das Beschleunigen des Rechners. Das fängt bei Kleinigkeiten wie dem optimierten Startvorgang an und geht bis hin zu komplexen Einstellungen für Prozessortakt und Speicher-Timing.

Üblicherweise wählen die PC-Hersteller bei diesen Einstellungen einen sicheren Mittelweg, der auch in extremen Situationen Probleme und Abstürze vermeiden soll. In diesem Kapitel zeigen wir Ihnen, mit welchen Einstellungen Sie die unnötigen Leistungsbremsen entfernen und die volle Performance aus Ihrem PC herausholen, ohne die Stabilität Ihres PCs zu gefährden.

Tipp

Rückkehr zu den konservativen Standardwerten

Eingriffe zur Leistungsoptimierung bedeuten immer ein Abweichen von den durch den Hersteller vorgegebenen Standardwerten. Um die tatsächlichen Grenzen des PCs auszuloten, muss man diese aber auch mal überschreiten. Sollte eine Veränderung an einer Einstellung zu einem instabilen oder letztendlich langsameren System führen, können Sie diesen Schritt jederzeit zurücknehmen. Dazu ist allerdings eine genaue Protokollierung der Veränderungen erforderlich. Sollte sich eine Veränderung erst später als untauglich herausstellen, besteht außerdem die Möglichkeit, zu den konservativen Herstellereinstellungen zurückzukehren, um auf alle Fälle wieder ein stabiles, lauffähiges System zu erhalten. Dieses Wiederherstellen der Standardwerte haben wir in Kapitel 1 näher beschrieben. Nur in seltenen Fällen kann durch falsch oder zu hoch gewählte Einstellungen ein physikalischer Schaden an der Hardware entstehen. Auf solche Gefahren weisen wir dann aber an Ort und Stelle ausdrücklich hin. Seien Sie bei solchen Einstellungen besonders vorsichtig.

Den Startvorgang beschleunigen

Der Startvorgang eines PCs vom Betätigen des Einschaltknopfs bis zum vollendeten Start des Betriebssystems kann schon eine ganze Weile dauern. Der Betriebssystemstart lässt sich bei Windows etwa durch Optimieren der Registry in gewissen Grenzen optimieren. Aber auch das BIOS kann seinen Teil zum schnellen Start des PCs beitragen. Mit verschiedenen Optionen lassen sich teilweise wenig sinnvolle Funktionen des BIOS deaktivieren, die den Startvorgang unnötig verlängern.

Unnötige Testroutinen deaktivieren

Zu den nicht wirklich notwendigen Funktionen gehören einige Selbsttests, die das BIOS bei jedem Einschalten durchführt. Dazu gehören z. B. das gründliche Testen des Arbeitsspeichers auf eventuelle Fehler, das Warten auf die Einschaltmeldungen der Festplatten usw. Alles in allem kann das einige Sekunden kosten. Wer keine auffälligen Probleme mit seinem PC hat, kann auf diese ständigen Tests verzichten und Zeit sparen.

1 Die dafür zuständige Option finden Sie im Untermenü `▶ Advanced BIOS Features` *Advanced BIOS Features* (oder auch *BIOS Features Setup* bzw. *Advanced CMOS Setup*).

2 Setzen Sie hier die Option *Quick Power On* `Quick Power On Self Test     Enabled` *Self Test* auf *Enabled*, um die schnellere Startvariante durchzuführen. Bei älteren BIOS-Versionen heißt diese Einstellung teilweise auch *Fast Boot*, *Quick Boot* oder *Above 1 MB Memory Test*.

3 Bei einigen BIOS-Versionen finden Sie im `Memory Parity/ECC Check     Disabled` Untermenü *Advanced Chipset Features* außerdem die Einstellung *Memory Parity/ECC Check*. Dabei handelt es sich um einen zusätzlichen, ausführlichen Speichertest während des Startvorgangs, den Sie mit *Disabled* verhindern sollten, solange keine konkreten Probleme mit dem Rechner vorliegen.

Startpausen bei Disketten und Festplatten vermeiden

Zu den Aufgaben des BIOS beim Start des PCs gehört das Initialisieren der angeschlossenen Disketten-, Festplatten- und sonstigen Laufwerke. Durch die verschiedenen Maßnahmen können bei ungünstiger Konfiguration einige Sekunden verloren gehen. Eine optimale Startgeschwindigkeit erreichen Sie so:

1 Wählen Sie im Untermenü *Advanced BIOS*
```
First Boot Device       HDD-0
Second Boot Device      Floppy
Third Boot Device       CDROM
```
Features als *First Boot Device* nicht das Diskettenlaufwerk (*Floppy*) aus (es sei denn, Sie wollen tatsächlich regelmäßig eine Startdiskette verwenden). Das BIOS braucht jedes Mal einige Zeit, um festzustellen, ob sich eine bootfähige Diskette im Laufwerk befindet. Erst dann greift es auf das zweite eingetragene Startgerät (normalerweise die Festplatte) zu und startet von dort das Betriebssystem. Tragen Sie also gleich die Festplatte als erstes Startlaufwerk ein. Wenn Sie zwischendurch von Diskette starten wollen, müssen Sie dann allerdings das BIOS ausnahmsweise umstellen.

2 Eine weitere Einstellung zum Zeitsparen ist | Boot Up Floppy Seek   Disabled |
die Option *Boot Up Floppy Seek* im gleichen
Menü. Mit *Disabled* verhindern Sie einen in der Regel unnötigen Test, mit dem das BIOS
die Anzahl der Datenspuren beim Diskettenlaufwerk festlegt.

Den Prozessor mit optimalem Takt betreiben

Der Prozessor hat als Herz des Computers logischerweise einen erheblichen Einfluss auf
die Geschwindigkeit eines PCs. Der beschränkt sich aber nicht auf die einfache Formel:
„Schnellerer Prozessor – mehr Leistung". In einem modernen PC ist der Prozessor so eng
mit den ihn umgebenden Komponenten verbunden, dass falsche oder zu vorsichtige
Einstellungen schnell einen guten Teil der tatsächlich möglichen Rechenleistung kosten
können.

L1- und L2-Cache richtig einstellen

Eine der größten Leistungsbremsen steckt unter Umständen nicht mal im eigentlichen
Prozessor, sondern in den Cache-Speichern, mit denen moderne Prozessoren ausgerüstet
sind. Diese machen bei aktuellen Modellen bis zu 50 % der Leistungsfähigkeit aus.

Mit anderen Worten: Ein 1,6-MHz-Pentium läuft ohne aktive Caches nur noch so schnell
wie ein 800-MHz-Prozessor. Wenn Ihr PC beim Leistungstest unerklärlich schlecht ab-
schneidet, sollten Sie deshalb die Cache-Einstellungen überprüfen.

Info

L1- und L2-Cache: Das steckt dahinter

Moderne Prozessoren verfügen über ein zweistufiges Cache-System. Der interne oder
L1-Cache ist ein kleiner Speicher von wenigen KByte, der aber direkt mit dem Prozessor
verbunden ist. Der externe oder L2-Cache ist größer als der L1-Cache, ist aber dafür nur
indirekt mit dem Prozessor verbunden. Zugriffe dauern deshalb etwas länger, sind aber
immer noch schneller als der eigentliche Arbeitsspeicher. Beide Cache-Speicher erlauben es dem Prozessor, häufig genutzte Daten ablegen zu können. Sowohl das Schreiben
als auch das Lesen der Daten geschieht erheblich schneller als beim „richtigen" Arbeitsspeicher, sodass die Berechnungen insgesamt schneller ablaufen. Der kleine, sehr schnelle
L1-Cache wird dabei für ganz häufige Daten benutzt. Ist er voll, werden die Daten in
den L2-Cache ausgelagert. Erst wenn auch der voll ist, überträgt der Prozessor die Daten zurück in den langsamen Arbeitsspeicher.

---

1 Die Einstellungen für die CPU-Caches finden Sie im Untermenü *Advanced BIOS Features* des BIOS-Hauptmenüs.

`▶ Advanced BIOS Features`

2 Hier können Sie mit *CPU Internal Cache* den
internen L1-Cache steuern. Normalerweise soll-

`CPU Internal Cache        Enabled`

te diese Option immer auf *Enabled* stehen, da Sie sonst ca. 40 % der Prozessorleistung
einbüßen. Lediglich bei älteren oder unsauber programmierten Anwendungen, die mit
dem L1-Cache nicht zurechtkommen, kann ein Deaktivieren notwendig und sinnvoll sein.
Die sauberste Lösung in einem solche Fall wäre aber eine neue Programmversion.

3 Der externe L2-Cache wird über die Option
External Cache gesteuert. Auch dieser Cache

`External Cache           Enabled`

sollte normalerweise immer mit *Enabled* geschaltet sein, da er für ca. 10 % der Rechenleistung zuständig ist. In seltenen Fällen kann es zu Problemen im Zusammenspiel zwischen L1- und L2-Cache kommen. In solchen Fällen sollte stets der L2-Cache deaktiviert
werden, da er weniger zur Gesamtleistung beiträgt. Nicht alle Prozessormodelle verfügen über einen externen L2-Cache, sodass diese Einstellung eventuell nicht verfügbar
ist.

4 Bei einigen BIOS-Versionen können Sie
zusätzlich die Strategie des L2-Caches beein-

`External Cache Write Mode    WriteBack`

flussen. Dieser kann Daten im konservativeren Write-Through-Modus jeweils direkt auch
in den dahinter liegenden Arbeitsspeicher schreiben. Schneller geht es aber mit dem
Write-Back-Modus. Bei neueren Systemen entfällt diese Option, da diese grundsätzlich
im Write-Back-Modus arbeiten. Die entsprechende Option im BIOS heißt z. B. *External
Cache Write Mode*, *External Cache Write Policy* oder *External Cache Scheme*.

5 Ein weitere Möglichkeit zur Beschleunigung
bietet bei einigen Systemen die Option *CPU*

`CPU L2 Cache ECC Checking   Disabled`

L2 Cache ECC Checking. Sie steuert eine spezielle Fehlerkorrektur des externen Cache-
Speichers, die aber nur bei kritischen Anwendungen wie z. B. Serverrechnern wirklich
notwendig ist. Bei normalen Arbeitsplatzrechnern kann man getrost mit *Disabled* darauf
verzichten. Der Leistungsgewinn ist allerdings nicht allzu groß.

Die Taktfrequenz von Prozessor, Bus und Speicher ermitteln

Innerhalb eines Rechners laufen alle Arbeitsschritte in festen Takten ab. Das ist allein
schon deshalb notwendig, damit die verschiedenen Komponenten wie Prozessor und
Arbeitsspeicher stets synchron laufen. Die Höhe dieser Taktfrequenzen bestimmt die
Geschwindigkeit des Systems. Ein Prozessor, der mit 800 MHz getaktet ist, läuft theore-

3. Stabil und schnell – BIOS-Leistungsbremsen lösen

tisch doppelt so schnell wie der gleiche Prozessor mit 400 MHz. Dementsprechend sind die Taktfrequenzen ganz wesentlich für die Leistungsfähigkeit eines Systems. Allerdings lassen sich die Taktzahlen nicht beliebig steigern. Gut konfigurierte Komplettsysteme laufen in der Regel mit genau den Taktfrequenzen, für die die einzelnen Hardwarekomponenten ausgelegt sind.

1 Um festzustellen, mit welchen Taktfrequenzen die Komponenten Ihres PCs laufen,

```
Main Processor : PENTIUM III 800MHz (133x6.0)
Memory Testing : 131073K OK          DRAM CLK: 100 MHz
```

genügt meist schon ein aufmerksamer Blick auf den Startvorgang des BIOS. Wenn Sie den PC einschalten (und nur dann, nicht bei späteren Reset-Neustarts), zeigen die meisten BIOS-Versionen an, welcher Prozessor mit welcher Taktfrequenz läuft. Außerdem sehen Sie auch gleich den Systemtakt und den Multiplikator (siehe Infobox).

2 Alternativ können Sie diese Informationen mit einem Programm zur Systemanalyse, wie etwa SiSoft Sandra (*http://www.sisoftware.co.uk/sandra*), ermitteln. Wenn Sie hier die Kategorie *CPU & BIOS Information* öffnen, finden Sie die gleichen Angaben vor. Beachten Sie dazu insbesondere die Angaben zu *Prozessor* und *Multiplier*.

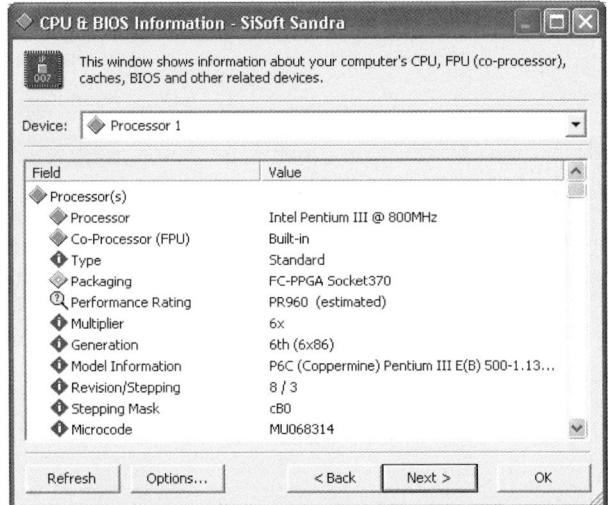

Info

Systemtakt, Multiplikator & Co.

Zu den für die Leistung wichtigsten Komponenten im PC gehören der Prozessor und der Arbeitsspeicher. Allerdings laufen beide mit verschiedenen Taktfrequenzen. Während der Arbeitsspeicher mit 66, 100, 133 oder 166 MHz getaktet ist, arbeiten moderne Prozessoren im Gigahertz-Bereich. Beide sind aber trotzdem von ein und demselben Systemtakt abhängig, weil nun mal beide synchron laufen müssen. Deshalb verwendet der Prozessor für seine Taktfrequenz einen Multiplikator. Liegt der z. B. bei 6, führt der Prozessor sechs Arbeitschritte aus, während das Gesamtsystem nur einen Takt durchläuft. In unserem Beispiel wird ein Systemtakt von 133 MHz und der Multiplikator 6 verwendet. Dadurch läuft der Prozessor mit 133 MHz x 6 = 798 (aufgerundet 800) MHz. Durch die geschickte Wahl von Systemtakt und Multiplikator können alle Komponenten mit der optimalen Taktfrequenz betrieben werden.

Die optimale Taktfrequenz für Prozessor und Bus wählen

Bei einem gut konfigurierten PC sollten alle Komponenten mit genau dem Takt laufen, für den sie vorgesehen sind. Allerdings kann es vorkommen, dass der Prozessor nicht mit der optimalen Geschwindigkeit konfiguriert wurde, z. B. wenn er nachträglich als Austauschgerät in eine vorhandene Hauptplatine eingesetzt wird. Moderne Systeme erkennen den Prozessor zwar automatisch, wählen aber meist eine konservative Taktfrequenz, damit der Prozessor bei einem Irrtum keinesfalls beschädigt wird. Hier muss man selbst Hand anlegen, um die optimale Taktfrequenz zu erreichen.

Wichtig: Vorsicht bei Änderungen der Taktfrequenz!

Bevor Sie sich an Änderungen bei der Taktfrequenz heranwagen, sollten Sie unbedingt sicherstellen, dass die neue Frequenz innerhalb der Spezifikation liegt, die der Hersteller für den Prozessor angibt. Dabei geht es schließlich nicht nur darum, dass der Prozessor eventuell nicht funktioniert. Ein zu hoher Takt kann den Prozessorkern durch Hitzeentwicklung beschädigen und dauerhaft zerstören. Stellen Sie deshalb unbedingt sicher, dass der Prozessor die vorgesehene Taktfrequenz auch wirklich bewältigen kann, bevor Sie Änderungen vornehmen.

Das komfortable Einstellen von Taktfrequenzen und Multiplikatoren ist längst nicht bei allen Systemen möglich. Ältere Hauptplatinen haben teilweise fest verdrahtete Werte und ermöglichen ohnehin keine oder nur wenig alternative Einstellungen. Auch bei neueren Produkten lassen sich die Einstellungen teilweise nicht im BIOS-Setup vornehmen, sondern müssen häufig per Jumper oder Schalter direkt auf der Hauptplatine konfiguriert werden. In solchen Fällen sollten Sie unbedingt das Handbuch zur Hauptplatine aufmerksam lesen, bevor Sie sich an die Änderungen der Einstellungen machen. Viel Flexibilität und komfortable Softwaresteuerung erlauben meist nur höherpreisige Hauptplatinen. Im Folgenden zeigen wir die Vorgehensweise anhand eines Award-BIOS mit speziellem CPU-Menü.

1 Wenn Ihr BIOS über ein solches Menü verfügt, finden Sie es im Hauptmenü unter der Bezeichnung *CPU Soft Menu* oder *Soft-Menu Setup*.

`▶ SoftMenu III Setup`

2 Hier finden Sie abhängig von den Möglichkeiten der Hauptplatine und des Prozessors die Einstellungsmöglichkeiten für den Prozessortakt (*CPU Operating Speed*), den Multiplikator (*Multiplier Factor*) und den Systemtakt (*CPU FSB/PCI Clock*).

```
CPU Operating Speed        800
Multiplier Factor          x6
CPU FSB/PCI Clock          133
```

3 Zusätzlich finden sich hier einige Optionen, die insbesondere beim Übertakten eines Systems hilfreich sein können. Mit *CPU Drive Strength* etwa können Sie die Signalstärke des Prozessors erhöhen, wenn sich ein übertaktetes System als instabil erweisen sollte. Mit der Einstellung *DRAM Clock* können Sie den Speichertakt abhängig vom Systemtakt beschleunigen oder verringern. Dies ist notwendig, wenn der Systemtakt für den Prozessor verändert wurde und deshalb nicht mehr optimal für den Speicherzugriff ist.

```
CPU Drive Strength          2
DRAM Clock               Auto
```

Die Chancen und Risiken beim Übertakten

Betreibt man einen 1-GHz-Prozessor tatsächlich mit 1,1 GHz, macht das theoretisch immerhin 10 % mehr Leistung aus. Allerdings sollte man die Gefahren nicht außer Acht lassen. Betreibt man einen Prozessor permanent im roten Bereich, entsteht zunächst vor allem ein Wärmeproblem. Schafft man nicht mit zusätzlichen Kühlmaßnahmen Abhilfe, kann ein übertakteter Prozessor regelrecht abbrennen. Selbst wenn zusätzliche Kühlmaßnahmen die Temperatur erträglich halten, erhöht das dauerhafte Übertakten die Gefahr der Instabilität und verkürzt unter Umständen die Lebensdauer. Außerdem können Veränderungen am Systemtakt das Gesamtsystem durcheinander bringen und so letztlich sogar Leistung kosten. Aus diesem Grund erschweren die Prozessorhersteller das Übertakten ihrer Produkte immer mehr; so versieht z. B. Intel seine Prozessoren schon länger mit festen Multiplikatoren.

Troubleshooting: Abstürze nach Übertaktung diagnostizieren

Wenn Ihr PC nach einer Erhöhung des Prozessor- oder Systemtakts zu regelmäßigen Abstürzen neigt, hat dies in vielen Fällen mit zu hohen Temperaturen zu tun. Grundsätzlich ist dies immer ein Warnsignal dafür, dass Sie es womöglich etwas übertrieben haben und unbedingt Gegenmaßnahmen erforderlich sind. Allerdings ist es nicht immer nötig, die höheren Taktzahlen zurückzunehmen.

1 Erster Kandidat für zu hohe Temperaturen ist immer der Prozessor selbst, insbesondere wenn Sie dessen nominelle Taktzahl überschritten haben. Kontrollieren Sie also, ob Taktzahl und Spannung deutlich über den vorgegebenen Werten liegen (siehe dazu auch den nachfolgenden Abschnitt).

2 Kontrollieren Sie dann den Kühler am Prozessor auf seine Funktionsfähigkeit. Eventuell ist er gar nicht angeschlossen oder funktioniert nicht mehr richtig. Achten Sie auch auf einen guten Sitz des Kühlers auf dem Prozessor.

3 Wenn die Verbindung zwischen Prozessor und Kühler mit Wärmeleitpaste oder -folie hergestellt wird, kann die Hitze schneller und gleichmäßiger abgeführt werden. Prüfen Sie die ordnungsgemäße Verwendung dieses Mittels bzw. holen Sie sie ggf. nach.

4 Sollte es sich noch um einen älteren Prozessor mit passiven Kühlelementen handeln, könnte die Montage eines aktiven Kühlers den Wärmestau beheben. Verfügt der Prozessor bereits über einen Kühlventilator, kann man die Hitze mit einem größeren, leistungsstärkeren Ventilator effizienter abführen. Schließlich bleibt noch die Möglichkeit, durch zusätzliche oder leistungsstärkere Ventilatoren die Temperatur im gesamten Gehäuse herabzusetzen und so auch die Kühlung des Prozessors zu verbessern.

5 Prüfen Sie die Erfolge dieser Maßnahmen jeweils umgehend. Wenn alles nichts hilft, bleibt nur, die Taktzahl des Prozessors wieder nach unten zu korrigieren.

Spannungswandler kühlen

Nicht nur der Prozessor, sondern auch die Hauptplatine kann unter einer zu hohen Taktzahl leiden. Dies gilt insbesondere für die Spannungswandler, die die Kernspannung für den Prozessor liefern. Da dieser bei höherer Taktung auch mehr Strom verbraucht, können diese Bauteile überlastet werden, sich überhitzen und dann abschalten. Abhilfe schaffen kann generell eine bessere Kühlung des PC-Innenraums und im Speziellen ein eigener Kühler direkt über den Spannungswandlern.

Dieser Maßnahmenkatalog zur Behebung von Problemen, die durch Übertaktung entstehen können, beweist ganz nebenbei die These, dass das Übertakten des Prozessors nur in geringem Maß sinnvoll ist, nämlich so lange, wie der PC noch ohne zusätzliche Kühlmaßnahmen stabil läuft. Bevor man in zusätzliche Kühlmaßnahmen investiert und dazu noch das langfristige Risiko einer Beschädigung des Prozessors in Kauf nimmt, sollte man prüfen, ob ein neuer, leistungsfähigerer Prozessor nicht die günstigere Alternative ist. Nur wenn die Hauptplatine keine schnelleren Prozessoren unterstützt, kann ein Übertakten um jeden Preis sinnvoll sein.

Überlastungen des Prozessors frühzeitig erkennen

Moderne Hauptplatinen verfügen über Funktionen, die die Lebenszeichen des Rechners überwachen und gefährliche Überlastungen rechtzeitig erkennen. Dazu gehören etwa

3. Stabil und schnell – BIOS-Leistungsbremsen lösen

Temperaturfühler am Prozessor und an anderen kritischen Bauteilen. Bei zu hoher Temperatur werden die entsprechenden Komponenten dann entweder heruntergeregelt oder Lüfter eingeschaltet bzw. deren Drehzahl erhöht, um die Temperatur im grünen Bereich zu halten.

Abstürze als Selbstschutz

Ältere Systeme ohne ausgeklügelte Funktionen zur Leistungsüberwachung und -regelung haben teilweise einen simplen Mechanismus, bei denen der Prozessor einfach angehalten wird, wenn eine gefährliche Temperatur im Inneren erreicht wird. Für den Benutzer vor dem Monitor sieht das dann wie ein „normaler" Absturz aus. Wenn Sie dieses Phänomen scheinbar unmotivierter Abstürze häufiger und z. B. oft bei warmen Außentemperaturen erleben, sollten Sie die Temperaturen im PC-Gehäuse überprüfen und ggf. durch Zusatzlüfter dem Prozessor mehr Frischluft verschaffen. Normalerweise sollte die Temperatur im PC-Gehäuse nicht wesentlich über 40° Celsius liegen, damit der Prozessor sich ausreichend kühlen kann.

1 Wenn Ihr PC über solche Funktionen verfügt, finden Sie im ▸ PC Health Status Hauptmenü des BIOS-Setup ein spezielles Menü *PC Health Status* vor.

2 Hier finden Sie zunächst die aktuellen Überwachungswerte Ihres PCs aufgeführt. Darunter

| Current CPU Temp. | 50°C/122°F |
| Current System Temp. | 38°C/100°F |

befindet sich z. B. die Temperatur des Prozessors (*Current CPU Temp.*), sofern dieser (wie die meisten Intel-Prozessoren) mit einem Temperatursensor ausgerüstet ist. Verfügt der PC über einen zusätzlichen Temperaturfühler auf der Hauptplatine oder am Gehäuse, wird auch dessen Wert angegeben (*Current System Temp.*). Beide Werte werden in der Regel international sowohl in Celsius (*C*) als auch in Fahrenheit (*F*) angegeben.

3 Wenn die Hauptplatine über einen oder mehrere mess- und regelbare Lüfteranschlüsse verfügt

| CPU (Fan1) Speed | 3560 RPM |
| CPU (Fan1) Speed | 0 RPM |

und entsprechende Ventilatoren vorhanden sind, können Sie bei *CPU (Fan) Speed* deren aktuelle Drehzahl ablesen. Steht bei einem Wert eine 0, muss dass nicht unbedingt ein Grund zur Beunruhigung sein. Teilweise werden die Lüfter erst bei einer bestimmten Temperatur zugeschaltet. Vielleicht ist an diesem Anschluss aber auch gar kein Ventilator angeschlossen.

4 Bei *Vcore* können Sie die verschiedenen Spannungen in Ihrem System ablesen. Dabei finden Sie jeweils links den Soll- und rechts den aktuellen Istwert. Kleinere Abweichungen sind nicht ungewöhn-

Vcore	1.76 V
3.3V	3.29 V
5V	5.02 V
12V	11.96 V

lich und werden durch die Toleranzen der Bauteile in der Regel verkraftet. Größere Abweichung können aber auf Überlastung und drohende Instabilitäten hinweisen.

Tipp

Lüfter prüfen und warten

Eine gar nicht so seltene Ursache für Hitzeprobleme sind defekte Lüfter. Deshalb sollten Sie sich regelmäßig davon überzeugen, dass die eingebauten Lüfter auch noch funktionieren. Ein moderner PC verfügt in der Regel über mindestens drei Lüfter: einen am Netzteil, einen über dem Prozessor und einen auf der Grafikkarte. Während Ersterer meist direkt am Gehäuse sitzt und leicht getestet werden kann, können Letztere nur durch Überwachung der Drehzahl oder durch die eigenen Augen bei offenem Gehäuse (bei größter Vorsicht!) überpüft werden.

5 Mit der Option *CPU protect for CPUFan Off* `CPU protect for CPUFan Off Enabled`
(auch *CPU Fan Alarm* oder *CPU Fan Malfunction Alarm*) können Sie – soweit vorhanden – einstellen, ob das BIOS die Lüfter überwachen soll. Ist diese Option mit *Enabled* eingeschaltet, gibt das BIOS eine Warnung aus, wenn der Prozessorlüfter nicht mehr ordnungsgemäß laufen sollte und die Gefahr einer Überhitzung besteht.

Info

Die Lebenszeichen des PCs unter Windows überwachen

Das Abrufen der Überwachungswerte im BIOS ist nicht besonders praktisch, da dazu jedes Mal der Rechner neu gestartet werden muss. Wenn Ihre BIOS-Version diese Angaben zur Verfügung stellt, können Sie die Daten auch unter Windows auslesen. Das geht z. B. mit Systemanalyseprogrammen wie dem bereits erwähnten SiSoft Sandra. Es gibt aber auch Spezialprogramme für diesen Zweck, wie etwa Motherboard Monitor (*http://mbm.livewiredev.com/*). Dieses Tool kann die Lebenszeichen des PCs nicht nur auslesen, sondern im Hintergrund permanent überwachen und Sie rechtzeitig auf Schwankungen und Ausfälle aufmerksam machen. Dann können Sie sich die etwas umständliche BIOS-Abfrage ganz sparen.

Abstürze und Fehler durch falsch getakteten Speicher vermeiden

Neben dem Prozessor mit seinen Cache-Speichern ist der eigentliche Arbeitsspeicher des PCs ein zweiter wesentlicher Faktor für die Gesamtleistung des Systems. Da alle zu verarbeitenden Daten vom Prozessor aus dem Arbeitsspeicher gelesen und anschließend wieder dorthin geschrieben werden müssen, kann ein langsamer Arbeitsspeicher auch den schnellsten Prozessor ausbremsen. Tatsächlich bemerkt man dies häufig bei Komplettsystemen zu Schnäppchenpreisen. Diese werden mit einem superschnellen Prozessor beworben. Dass im Rechner ein langsamer Arbeitsspeicher werkelt, der einen guten Teil der Prozessorleistung wieder zunichte macht, wird im Werbeprospekt hingegen nicht erwähnt.

Mehr Leistung durch Speicherausbau

Viele PCs lassen sich mit einer Aufrüstung des Speichers ohne große Umstände deutlich beschleunigen. Hinzu kommen noch Beschleunigungsmechanismen wie Festplatten-Cache und Ähnliches. Eine Erweiterung des Speichers z. B. von 128 auf 256 MByte ist meist viel einfacher als der Einbau eines schnelleren Prozessors und bietet darüber hinaus ein deutlich besseres Preis-Leistungs-Verhältnis. Allerdings muss man sich dazu in der Vielfalt der erhältlichen Speichertypen zurechtfinden.

Info

Der richtige Speicher für jeden PC

Die Entwicklung bei den Speicherbausteinen gehört zu den dynamischeren Bereichen bei PCs. In regelmäßigen Abständen werden hier neue Technologien entwickelt, die mehr Kapazität und vor allem höhere Verarbeitungsgeschwindigkeiten bieten sollen. Damit Sie einen Überblick bekommen, hier kurz die Speichertypen, die derzeit in PCs Verwendung finden:

- DRAM-Speicher ist die Basis der meisten heute verwendeten Speichertypen, aber einfache DRAM-Module werden schon lange nicht mehr eingebaut und sind nur noch in sehr alten PCs zu finden.

- Der heute am meisten verwendete Speicherbaustein ist SDRAM. Es teilt dem BIOS mittels eines integrierten Bausteins (SPD) die optimalen Einstellungen automatisch mit, sodass meist keine manuellen Anpassungen nötig sind. Eine Überprüfung der Daten ist aber immer sinnvoll. Wichtig ist bei SDRAM die Unterscheidung in PC-100, PC-133 usw., was sich auf die Taktfrequenz des Systembus bezieht. PC-100-Speicherriegel können nur in 100-MHz-Systemen eingesetzt werden. Schnellere Bausteine können auch mit geringerem Systemtakt laufen, was aber nicht zu empfehlen ist.

- DDR-SDRAM ist der auserkorene Nachfolger von SDRAM und arbeitet bei gleichem Systemtakt mit doppelter Datenrate. Er wird in Zukunft häufiger anzutreffen sein.

- RDRAM- oder auch Rambus-Speicher verwendet eine grundlegend andere Technologie als DRAM und dessen Nachfolger. Dadurch ist er vergleichsweise teuer und erreicht in der Praxis nur geringfügig höhere Leistung als etwa DDR-SDRAM. Deshalb wird er überwiegend in Highend-Geräten eingesetzt und wird sich bei Standard-PCs kaum durchsetzen.

Abstürze und Fehler durch falsch getakteten Speicher vermeiden

Wenn Sie Speicher aufrüsten wollen, müssen Sie einiges beachten, um keine teuren Überraschungen zu erleben. Für Hardware-Unerfahrene empfiehlt es sich, den PC für die Aufrüstung komplett zum Händler oder in eine Werkstatt zu geben. So bekommen Sie garantiert den richtigen Speicher und ein funktionierendes System zurück. Wenn Sie selbst Hand anlegen wollen, gehen Sie so vor:

1 Stellen Sie zunächst fest, ob und wie viele Speicherbänke auf Ihrer Hauptplatine noch verfügbar sind. Ist alles besetzt, kommt nur ein Ersatz der vorhandenen Module in Frage. Sind noch Bänke frei, können Sie zusätzliche Module ergänzen.

2 Stellen Sie dann fest, welche Art von Hauptspeicher auf Ihrer Hauptplatine verwendet wird. Allein mechanisch ist nur der Einbau des gleichen Typs möglich. Aber auch innerhalb der Typen gibt es Unterschiede (z. B. PC-100, PC-133 usw. bei SDRAM-Speicher). Generell sollten verschiedene Speichertypen und -varianten nicht gemischt werden.

3 Beschaffen Sie nun den Speicher und setzen Sie ihn ein. Passen Sie die BIOS-Einstellungen für den Speicherzugriff dann so an, dass er für die langsamsten der verwendeten Speicherbausteine optimiert ist. Bei manchen höherwertigen Systemen können Sie für die verschiedenen Speicherbänke individuelle Einstellungen vornehmen. Wie die Timing-Angaben auf den Speicherbausteinen zu interpretieren sind, darauf gehen wir im Folgenden ein. Wie Sie die entsprechenden Einstellungen im BIOS vornehmen, zeigt der anschließende Abschnitt.

Die Angaben auf Speicherbausteinen verstehen

Auf modernen Speicherriegeln befinden sich in der Regel alle Angaben, die zum Betrieb des Speichers erforderlich sind. Allerdings sind sie teilweise etwas kryptisch gehalten, sodass man sie zu lesen wissen muss. Bei SDRAM-Speicher etwa bestehen die Angaben aus einem dreiteiligen Schlüssel, z. B. *PC133-333-542*:

1 Der erste Teil gibt die maximale Taktfrequenz an, mit der dieser Baustein betrieben werden kann und optimalerweise sollte, also z. B. 100 oder 133 MHz.

2 Die nächsten drei Ziffern bezeichnen die Werte für *CAS Latency*, *RAS-to-CAS Delay* und *RAS Precharge Time*. Je niedriger diese Werte sind, desto schneller ist der Zugriff auf den Speicher. Im nachfolgenden Abschnitt zeigen wir, wie und wo Sie die entsprechenden Einstellungen im BIOS-Setup konfigurieren.

3 Die erste Ziffer der dritten Gruppe gibt an, wie hoch die (theoretisch) niedrigste Zugriffszeit des Speichers ist, also z. B. 5 ns bei PC-133 oder 6 ns bei PC-100. Die zweite Ziffer gibt die Version des SPD-Bausteins an, und die letzte kann vom Hersteller des Speicher frei verwendet werden.

Bei DDR-SDRAM- und RDRAM-Speicherbausteinen gibt es leider keine einheitlichen Bezeichnungsstandards, sodass hier jeder Hersteller sein eigenes Süppchen kocht. Teilweise stehen die Daten im Klartext auf den Bausteinen, teilweise werden sie kryptisch verschlüsselt oder gar nicht angegeben. In solchen Fällen hilft eventuell das im Folgenden vorgestellte Tool CTSPD weiter, mit dem man die Timing-Daten aus SDRAM-Speicherbausteinen direkt auslesen kann.

Tipp

Nehmen Sie den vorhandenen Speicher mit

Wenn Sie nicht absolut sicher sind, was für Speicherbausteine Sie benötigen, bauen Sie notfalls die vorhandenen Speicherriegel aus und nehmen diese zum Händler mit. Auch das Handbuch der Hauptplatine kann nicht schaden. Mit diesen Informationen sollte Ihnen ein guter Händler auf jeden Fall weiterhelfen können.

Die Timing-Informationen aus Speicherbausteinen auslesen

Wenn Sie Speicherbausteine ohne Dokumentation oder aussagekräftigen Aufkleber besitzen, gibt es die Möglichkeit, die auf dem SPD-Chip gespeicherten Daten und Timing-Informationen per Software auszulesen. Dies empfiehlt sich z. B. auch, wenn man Speicherriegel gekauft hat und sicher sein will, für sein Geld auch die richtige Ware bekommen zu haben, oder wenn man feststellen will, ob die eingesetzten Speicherbausteine auch mit den optimalen Timing-Einstellungen laufen. In diesem Fall hilft das Tool CTSPD weiter, das von der Fachzeitschrift c't kostenlos zur Verfügung gestellt wird (*http://www.heise.de/ct/ftp/ctspd.shtml*).

1 Bei CTSPD handelt es sich um ein Programm, dass Sie nach der Installation ganz regulär unter Windows starten können.

2 Danach sehen Sie direkt das Hauptfenster des Programms, in dem Sie gleich die wichtigsten Daten ablesen können, um diese dann mit den Einstellungen der entsprechenden Werte im BIOS (siehe nachfolgenden Abschnitt) bzw. den beim Kauf zugesicherten Eigenschaften zu vergleichen.

3 Ganz unten finden Sie zwei wichtige Eigenschaften, die Rückschlüsse auf Qualität und Zuverlässigkeit der Angaben zulassen, nämlich die Information, ob die im SPD-Baustein gespeicherten Daten vollständig und fehlerfrei sind.

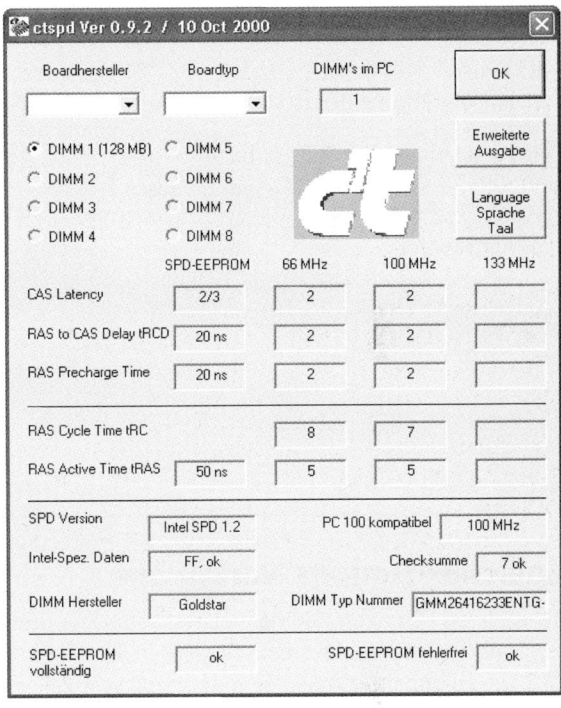

4 Wer es noch genauer wissen will, kann zusätzlich die *Erweiterte Ausgabe* betrachten. So können Sie etwa im Register *Herstellerangaben* überprüfen, ob die teuer bezahlten Markenbausteine auch keine Fälschungen sind. In den weiteren Registern finden Sie präzise Angaben zu den Funktionen und Leistungsdaten des Speicherbausteins, auch wenn vieles davon nur für echte Kenner hilfreich ist. Auf der oben angegebenen Download-Webseite finden sich aber auch Hinweise, wie diese Angaben zu interpretieren sind.

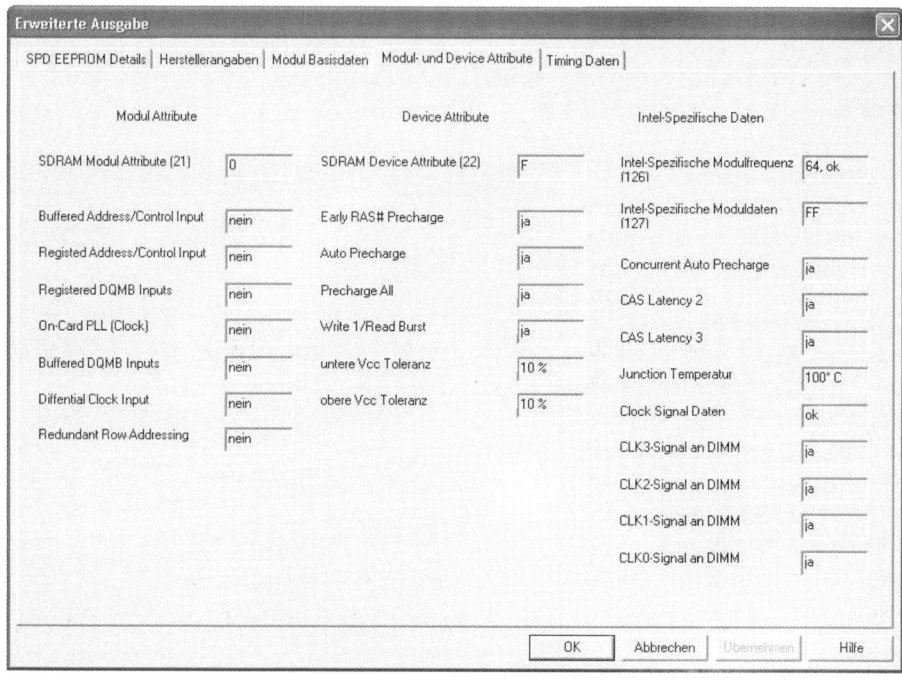

Speicher-Timings verkürzen

Bei neueren PCs mit modernem SDRAM-Speicher liest das BIOS in der Regel die korrekten Speicher-Timings automatisch aus den Speicherbausteinen aus und passt seine eigenen Einstellungen entsprechend an. In diesem Fall macht es wenig Sinn, die Speicher-Timings manuell zu verändern. Bei älteren PCs kann man hingegen durch Anpassen der Speichereinstellungen durchaus noch das eine oder andere Prozent an Leistung herauskitzeln, insbesondere wenn der PC eher sichere, konservative Einstellungen für das Speicher-Timing verwendet. Die meisten BIOS-Versionen bieten verschiedene Optionen, mit denen sich der Zugriff auf den Arbeitsspeicher optimieren lässt. Im Folgenden stellen wir Ihnen einige dieser Einstellungen vor.

Risiken beim Ändern der Speichereinstellungen

Veränderungen an den funktionierenden Speichereinstellungen sind immer mit dem Risiko verbunden, dass der PC anschließend nicht mehr stabil arbeitet oder womöglich gar kein vernünftiger Start mehr möglich ist. Bei einem vernünftig konfigurierten System sind durch Optimieren des Speicherzugriffs auch höchstens Geschwindigkeits-

Abstürze und Fehler durch falsch getakteten Speicher vermeiden

steigerungen im Bereich von wenigen Prozent zu erwarten. Wir empfehlen deshalb, die Speicheroptionen nur dann zu verändern, wenn Ihr PC deutlich langsamer läuft, als er dies laut Spezifikation eigentlich tun sollte. Testen Sie dabei zuvor mit einem Benchmark-Programm, ob wirklich der Arbeitsspeicher dafür verantwortlich ist (siehe dazu auch den letzten Abschnitt in diesem Kapitel).

1 Die für das Speicher-Timing wesentlichen Einstellungen finden sich bei den meisten BIOS-Versionen im Untermenü *Advanced Chipset Features*.

`► Advanced Chipset Features`

2 Hier finden Sie die Einstellung *SDRAM Cycle Length* (auch *SDRAM CAS Latency* oder *SDRAM RAS to CAS*

`SDRAM Cycle Length        2`

Delay). Sie schreibt vor, wie viele Taktzyklen von der Anforderung einer Speicheradresse durch den Prozessor bis zur Bereitstellung deren Inhalts auf dem Speicherbus vergehen soll. In der Regel steht dieser Wert auf *Auto*, sodass er vom BIOS automatisch anhand der Leistungsdaten der verbauten Speichermodule ermittelt wird. Bei qualitativ hochwertigen Markenmodulen kann man es meist riskieren, den Wert niedriger zu setzen (z. B. auf 2). Das spart immerhin bei jedem Speicherzugriff einen Takt.

3 Ganz wesentlich für den Betrieb des Arbeitsspeichers ist die Taktfrequenz, die mit der Ein-

`DRAM Clock            HCLK-33M`

stellung *DRAM Clock* beeinflusst werden kann. Bei modernen Systemen kann der Speichertakt ähnlich wie der Prozessortakt in gewissen Maßen unabhängig vom Systemtakt betrieben werden. Normalerweise sollte man diese Einstellung auf *Auto* belassen. Wenn Sie aber den Systemtakt verändert haben, um den Prozessor zu beschleunigen, können Sie dies für den Speichertakt ausgleichen, damit der Speicher weiter mit einem optimalen und stabilen Takt läuft. Dazu können Sie den Speichertakt meist mit *HCLK–33M* oder *HCLK+33M* im Verhältnis zum Systemtakt verlangsamen oder beschleunigen.

4 Mit der Option *DRAM Speculative Leadoff* wird eine Funktion gesteuert, mit der der Zu-

`DRAM Speculative Leadoff    Enabled`

griff auf den Arbeitsspeicher beschleunigt werden kann. Dabei ruft der Speicher-Manager eigenständig schon mal die Daten aus dem Speicher ab, die voraussichtlich als Nächstes vom Prozessor angefordert werden. Damit liegt er zwar nicht immer richtig, aber wenn, führt das zu einer Beschleunigung des Zugriffs. Solange es keine Instabilitäten gibt, sollte diese Funktion eingeschaltet sein (*Enabled*).

5 Bei älteren PCs, die noch mit EDO-RAM bestückt werden können, finden Sie die Einstellun-

`DRAM Read Burst Timing     x-2-2-2`
`DRAM Write Burst Timing    x-2-2-2`

gen *DRAM Read Burst Timing* und *DRAM Write Burst Timing*. Sie geben an, wie viele

Takte zwischen zwei Speicherzugriffen abgewartet werden müssen. Bei modernen SDRAM-Bausteinen sind keine Pausen nötig, sodass Sie das Timing ggf. auf *x-1-1-1* setzen können. Verwenden Sie ältere Bausteine, sollten Sie die Wartezeit auf *x-2-2-2* oder notfalls auch *x-3-3-3* heraufsetzen, insbesondere wenn Ihr PC einen höheren Bustakt als 66 MHz verwendet.

Speichergeschwindigkeit testen

Nach Veränderungen an den Speichereinstellungen sollten Sie jeweils nicht nur die Stabilität, sondern auch die Geschwindigkeit testen, da sich falsche Einstellungen auch bremsend auswirken können. Im letzten Abschnitt dieses Kapitels lesen Sie, wie Sie mit SiSoft Sandra einfache Leistungstests und -vergleiche durchführen können.

Adapter-ROM-Speicher im schnelleren RAM-Speicher cachen

Neben dem RAM-Arbeitsspeicher verwenden verschiedene Komponenten einen PC-ROM-Speicher, in denen ihr Code gespeichert ist. Ein Beispiel dafür ist das BIOS selbst, aber auch die Grafikkarte oder eingebaute SCSI- oder RAID-Controller verwenden ein eigenes ROM. Der Zugriff auf diese ROM-Bausteine geht meist deutlich langsamer vonstatten als das Lesen und Schreiben des RAM-Speichers. Deshalb bietet das BIOS die Möglichkeit, die Inhalte solcher langsamen ROM-Speicher in den schnelleren Arbeitsspeicher zu verlegen und die Zugriffe entsprechend umzubiegen. Allerdings ist dabei etwas Vorsicht angesagt. Da sie sich bei den aktuellen Windows-Betriebssystemen ohnehin nicht auswirken, sollten Sie die folgenden Einstellungen bei reinen Windows-PCs deshalb besser nicht nutzen.

1 Um das BIOS selbst im RAM-Speicher zu cachen, wechseln Sie in das BIOS-Untermenü *Advanced Chipset Features*.

`▶ Advanced Chipset Features`

2 Hier sollten Sie die Option *System BIOS Cacheable* auf *Enabled* stellen, um das Cachen des BIOS-ROM zu ermöglichen.

`System BIOS Cacheable          Enabled`

3 Mit der Einstellung *Video RAM Cacheable* steuern Sie, ob der RAM-Pufferspeicher der

`Video RAM Cachable          Enabled`

Grafikkarte ebenfalls gecacht werden soll. Bei manchen älteren Grafikkarten kann das allerdings zu Darstellungsproblemen führen. Aktuelle 3-D-Karten haben außerdem meist eine sehr effektive Speicherverwaltung und profitieren von dieser Maßnahme nicht.

4 Weitere Einstellungen zum Cachen von ROM-Speichern finden Sie im Untermenü *Advanced BIOS Features*. ▶ Advanced BIOS Features

5 Hier aktivieren Sie mit *Video BIOS Shadow* auf *Enabled* die Cache-Funktion für das ROM-BIOS der Grafikkarte.

Video BIOS Shadow	Enabled
C8000-CBFFF Shadow	Disabled
CC000-CFFFF Shadow	Disabled
D0000-D3FFF Shadow	Disabled
D4000-D7FFF Shadow	Enabled
D8000-DBFFF Shadow	Disabled
DC000-CFFFF Shadow	Disabled

6 Mit den darunter liegenden Optionen können Sie die Cache-Funktion auf weitere Speicherbereiche ausdehnen, die möglicherweise von eingebauten Adaptern verwendet werden. Allerdings sollten Sie hier nur die Bereiche aktivieren, die auch tatsächlich genutzt werden, da sonst unnötig RAM-Speicher verschwendet wird.

Probleme mit dem Speicher beheben

Wenn es nach dem Einbau zusätzlichen Speichers oder nach Änderungen an den Speicher-Timings zu Schutzverletzungen und Abstürzen kommt, kann man mit dem Rechner nicht mehr sinnvoll arbeiten. Die folgenden Schritte helfen, den PC wieder in einen stabilen Zustand zu versetzen:

1 Stellen Sie die Option *SDRAM Configuration* bzw. *DRAM Timing* auf *Auto* oder *By SPD*, damit sich das BIOS die optimalen Einstellungen aus den SPD-Chips der Speicherriegel holt.

2 Wenn Sie Speicherriegel verschiedener Hersteller bzw. mit unterschiedlichen Timing-Parametern eingebaut haben, sollten Sie im BIOS die langsamsten Parameter angeben. Wenn das BIOS die Parameter automatisch aus den SPD-Chips ermitteln soll, setzen Sie die langsamsten Speicherriegel in die erste Speicherbank der Hauptplatine. Viele BIOS-Versionen beschränken sich auf den ersten Speicherbaustein und übernehmen alle Daten von diesem.

3 Wenn dies nichts hilft, reduzieren Sie den Takt für die Speicherzugriffe (z. B. *HCLK-33M*) oder ggf. den globalen Systemtakt.

Den AGP-Bus für maximale 3-D-Power optimieren

Die dritte wichtige Säule für die Leistungsfähigkeit des PCs sind die Grafikkarte und der AGP-Bus, der für den Transfer der Daten zwischen ihr und dem Prozessor zuständig ist. Insbesondere neue Computerspiele mit aufwendiger 3-D-Grafik bringen diese Komponenten an ihre Grenzen. Der Accelerated Graphics Port ist eine Weiterentwicklung speziell für Grafikkarten, der die Daten vom Prozessor wesentlich schneller zu einer AGP-Grafikkarte übertragen kann, als dies bei einer herkömmlichen PCI-Grafikkarte möglich wäre. Da nur bei der Grafikkarte entsprechende Datenmengen anfallen, ist in der Regel nur ein AGP-Steckplatz auf der Hauptplatine vorhanden, der für die Grafikkarte vorgesehen ist. Wenn Sie eine passende AGP-Grafikkarte haben (was nicht unbedingt der Fall sein muss), können Sie die Leistungsfähigkeit des AGP-Anschlusses durch verschiedene Einstellungen optimieren.

1 Die Einstellungen für den AGP-Steckplatz finden Sie `▶ Advanced Chipset Features`
im Untermenü *Advanced Chipset Features* des BIOS-Hauptmenüs.

2 Hier können Sie zunächst die *AGP Aperture Size* `AGP Aperture Size        64M`
festlegen. Das ist die Menge des Hauptspeichers,
den die Grafikkarte maximal als Pufferspeicher in Anspruch nehmen darf, wenn der eigene RAM-Speicher der Grafikkarte nicht ausreichen sollte. Als Minimalwert sollten Sie hier *32M* auswählen, damit die Grafikkarte effektiv arbeiten kann. Optimalerweise liegt der Wert bei der Hälfte des Gesamtarbeitsspeichers, also z. B. bei *64M* für 128 MByte RAM-Speicher. Sollte es insbesondere bei 3-D-Spielen Probleme mit höheren Auflösungen geben, können Sie diesen Anteil versuchsweise erhöhen.

3 AGP gibt es in unterschiedlichen Versionen: `AGP-4X Mode            Enabled`
AGP 1 schaffte bis 265 MByte/s, wurde aber in
der Praxis kaum verwendet. AGP 2 erreicht bis zu 528 MByte/s, wird aber von AGP 4 um fast das Doppelte übertroffen. Die meisten BIOS-Setups von AGP-Hauptplatinen bieten die Möglichkeit, den schnellsten AGP-Modus zu deaktivieren, um eventuelle Inkompatibilitäten mit der AGP-Grafikkarte zu vermeiden. Dies sollte aber nur bei konkreten Problemen geschehen. Ansonsten sollte die entsprechende Einstellung (z. B. *AGP-4X Mode*) auf *Enabled* stehen.

4 Bei Hauptplatinen mit VIA-Chipsatz kön- `AGP Driving Control      Manual`
nen Sie meist noch die Einstellung *AGP Driving* `x AGP Driving Value       DA`
Control steuern. Sie bezieht sich auf die Signalstärke des AGP-Signals. Normalerweise sollte dieser Wert mit *Auto* optimal ermittelt werden. Wenn Sie Ihr System übertaktet haben, kann es aber sinnvoll sein, die AGP-Signalstärke leicht zu erhöhen, falls die Grafikkarte nicht stabil arbeitet. Setzen Sie dazu die Option *AGP Driving Control* auf *Auto* und wählen Sie darunter bei *AGP Driving Value* einen entsprechenden Hex-Wert aus (Standard ist *DA*, höhere Werte führen zu einem stärkeren Signal).

5 Der AGP-Bus erhält seine Taktfrequenz als Teiler `AGPCLK/CPUCLK` `1/2`
des Systemtakts. Bei einem Systemtakt von 100 MHz
läuft AGP mit 2/3, also 66 MHz. Verwendet das System einen Takt von 133 MHz, wird
AGP 1/2 getaktet, also wiederum ca. 66 MHz. Bei einigen PCs können Sie diesen Teiler
einstellen, was aber nur notwendig ist, wenn Sie den Systemtakt zwecks Übertakten des
Prozessors verändert haben. Dann können Sie mit der Option *AGPCLK/CPUCLK* einen
anderen Teiler wählen, um den AGP-Bus wieder mit den normgerechten 66 MHz laufen
zu lassen.

Nach Änderungen der AGP-Parameter bleibt der Bildschirm schwarz

Wenn Sie mit den Optionen *AGP Driving Control* und *AGP Driving Value* experimentieren, kann es passieren, dass Sie die Spannung der AGP-Schnittstelle so weit absenken,
dass die Grafikkarte nicht mehr korrekt funktioniert. In diesem Fall startet der PC zwar,
aber der Bildschirm bleibt schwarz. Das ist sehr unangenehm, weil sich die Werte dann
nicht ohne weiteres wieder im BIOS-Setup korrigieren lassen. Selbst das Zurücksetzen der
BIOS-Daten per Jumper oder Schalter auf der Hauptplatine hilft dann in den meisten
Fällen nichts. Einzige Lösung: Wenn Sie noch eine alte PCI-Grafikkarte zur Hand haben,
bauen Sie die AGP-Karte aus und ersetzen sie durch die alte. Schalten Sie dann den PC
ein und ändern Sie die AGP-Optionen wieder auf die konservativeren Grundeinstellungen
(bzw. *Auto*). Tauschen Sie anschließend die beiden Grafikkarten erneut aus.

Die AGP-Features der Grafikkarte mit WCPUID PowerStrip

Ein wichtiges Detail für die optimale Nutzung des AGP-Bus ist die Abstimmung zwischen
BIOS und AGP-Grafikkarte. Die vorangehend vorgestellten AGP-Einstellungen müssen
nämlich sowohl vom BIOS bzw. dem AGP-Steckplatz der Hauptplatine als auch von der
eingesetzten AGP-Karte selbst unterstützt werden. Beispiel: Wenn der Steckplatz die AGP-
Modi 1x, 2x und 4x unterstützt, die Karte aber nur 1x und 2x, wird der AGP-Bus auf 2x
heruntergeregelt.

Umgekehrt wäre es genauso. Da ist es manchmal gar nicht so einfach, die Ursache für
einen Flaschenhals zu finden. Leider beschränken sich viele Analysetools beim Ermitteln
der AGP-Werte auf die BIOS-Einstellungen und können nicht feststellen, was die eingesetzte Karte leisten kann bzw. tatsächlich leistet. Eine sehr hilfreiche Ausnahme ist das
Sharewaretool PowerStrip (*http://www.entechtaiwan.com*).

3. Stabil und schnell – BIOS-Leistungsbremsen lösen

1 Nach der Installation können Sie das Tool jederzeit über *Start/(Alle) Programme/ PowerStrip/PowerStrip* aktivieren. Beim ersten Start analysiert das Programm automatisch die vorhandene Hardware und erkennt die eingebaute Grafikkarte automatisch.

2 Im anschließenden Menü für die Schnellkonfiguration finden Sie zunächst eine Übersicht der Grafikeigenschaften Ihres PCs, wie etwa verwendete Grafikkarte und Monitor, gewählte Auflösungen, Taktfrequenzen usw. Unter *Programm-Optionen* sind einige wichtige Einstellungen möglich, die zu Test- und Wartungszwecken sehr nützlich sein können, wie etwa das automatische Starten von PowerStrip beim Systemstart oder das automatische Einblenden eines On-Screen-Displays mit den wichtigsten Anzeigeeigenschaften (auch jederzeit mit [Strg]+[Alt]+[O] abrufbar).

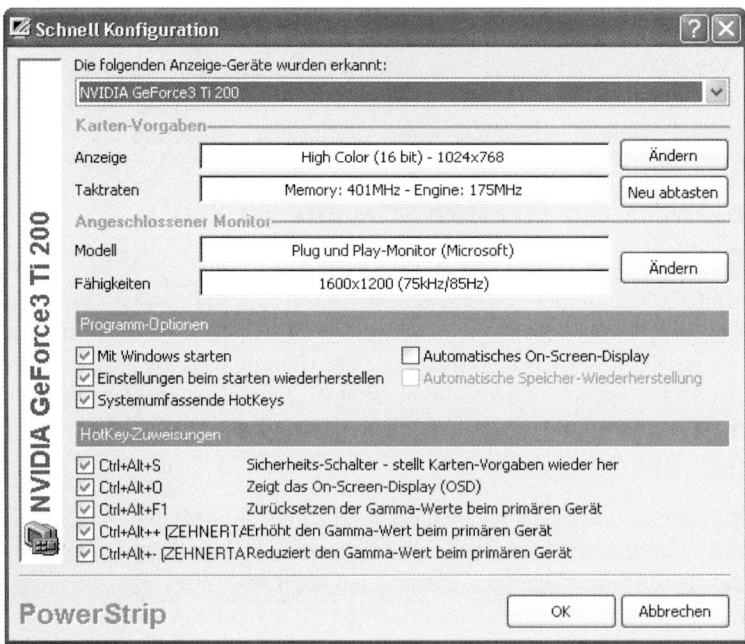

3 Nachdem Sie das Schnellkon-
figurationsmenü mit *OK* geschlos-
sen haben, verbleibt PowerStrip
als unauffälliges Symbol im Info-
bereich der Startleiste. Um die
AGP-Eigenschaften der Grafikkarte zu ermitteln, klicken Sie mit der
rechten Maustaste auf das Symbol und wählen dann im Menü
Optionen / Geräte-Informationen.

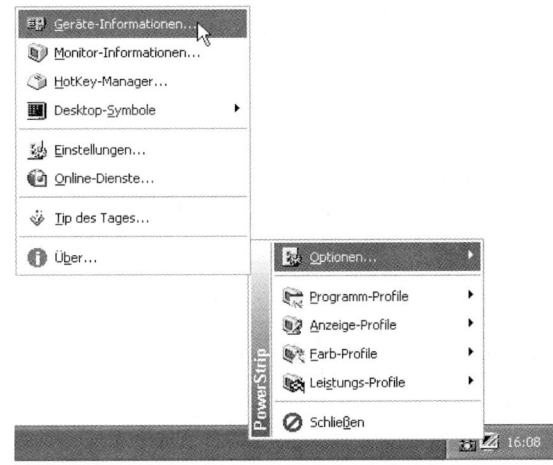

4 Daraufhin präsentiert Power-
Strip alle Informationen, die es
zum grafischen Subsystem des
PCs ermitteln kann. In der linken
Hälfte finden Sie dabei zunächst
die PCI-Daten, wo sich z. B. die verwendeten Hardwareressourcen ablesen lassen. Auch
die Einstellung verschiedener PCI-Optionen, die meist nicht über das BIOS-Setup zugänglich sind, können hier eingesehen werden.

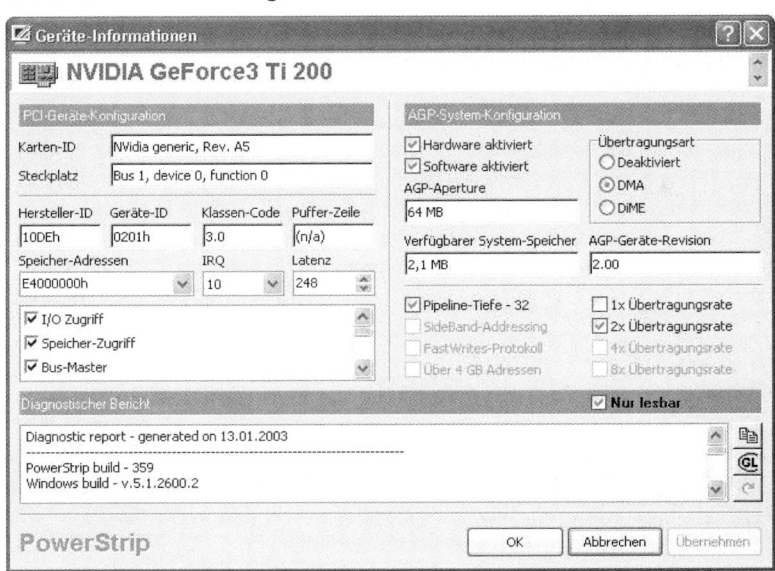

5 Im rechten Teil finden sich die AGP-Informationen wieder. Vorhandene Optionen
können genutzt werden, wobei die jeweils gewählten Optionen die aktuellen Einstellun-

gen widerspiegeln. Grau dargestellte Optionen sind Funktionen, die von der vorhandenen Hardware nicht unterstützt werden.

6 Im unteren Bereich finden Sie einen ausführlichen Diagnosebericht, der alle Angaben noch einmal komprimiert zusammenfasst. Er kann bei Bedarf kopiert und z. B. bei Supportanfragen in eine E-Mail eingefügt werden.

Sichere Datentransfers durch optimale PCI-Einstellungen

Neben der AGP-Schnittstelle gehört der PCI-Bus zu den wichtigsten Flaschenhälsen bei Datentransfers im PC. Er verbindet den Prozessor mit den eingebauten oder eingesetzten Controllern für die Festplatten und CD-Laufwerke sowie mit den vorhandenen Erweiterungskarten. Somit ist er also der zentrale Bus, über den alle Arten von Daten fließen, sofern dafür keine speziellen, besonders leistungsfähigen Kanäle (z. B. eben AGP) geschaffen wurden. Dementsprechend wichtig ist eine optimale Einstellung der BIOS-Parameter, die den Datentransfer via PCI beeinflussen.

Info

33 MHz sind das Maß aller Dinge

Der PCI-Bus in einem PC muss mit einer Taktfrequenz von 33 MHz betrieben werden. Diese leitet sich vom zentralen Systemtakt ab und wird über einen bestimmten Teiler ermittelt. Ist ein System mit 100 MHz getaktet, wird über einen Teil von 1/3 für den PCI-Bus ein Takt von 33,33 MHz festgelegt. Mit anderen Worten, der PCI-Bus macht nur jeden dritten Takt des Systems mit einem eigenen Takt mit. Da die PCI-Spezifikation diese Taktfrequenz von 33 MHz vorsieht und z. B. alle PCI-Erweiterungskarten davon ausgehen, kann der PCI-Takt nicht heraufgesetzt werden, ohne die Stabilität des PCs zu gefährden.

Den PCI-Bustakt an einen geänderten Systemtakt anpassen

Die feste Taktfrequenz für den PCI-Bus macht Probleme, wenn man seinen PC durch höhere Taktraten beschleunigen will. Wenn Sie beispielsweise den Systemtakt von 100 auf 130 MHz hochsetzen würden, würde dies bei einem Teiler von 1/3 zu einem PCI-Takt von 44,33 MHz führen. Das liegt aber weit außerhalb der PCI-Spezifikation und würde mit großer Sicherheit zu Problemen führen. Deshalb muss der Teiler in einem solchen Fall geändert werden, sodass er wieder zu einem akzeptablen PCI-Takt führt. Ändert man den Teiler etwa auf 1/4, würde sich ein PCI-Takt von 33,25 MHz ergeben, was wieder im akzeptablen Bereich liegt.

1 Die Einstellungen für den PCI-Bus liegen in der Regel im BIOS-Menü *Advanced Chipset Features* (auch

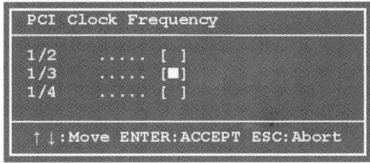

Chipset Features Setup oder *Advanced Chipset Setup*). Bei einigen BIOS-Versionen befinden sie sich auch im *Soft Menu Setup* (bzw. *CPU Soft Menu* oder *Frequency/Voltage Control*).

2 Hier finden Sie eine Option namens *PCI Clock/ CPU FSB Clock* oder auch *PCI Clock Frequency*, mit der sich der Teiler angeben lässt, mit dem der PCI-Takt vom Systemtakt abgeleitet werden soll. Möglich sind in der Regel *1/2*, *1/3*, *1/4* oder auch

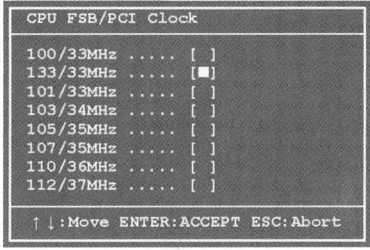

mehr. Wählen Sie einen Teiler, durch den sich ein PCI-Takt keinesfalls höher als 37 MHz ergibt. Diese Toleranz von gut 10 % über dem nominellen PCI-Takt von 33 MHz wird in den meisten Fällen noch verkraftet. Darüber kommt es aber häufig zu Instabilitäten.

3 Bei neueren PCs besteht teilweise die Möglichkeit, anstatt eines Teilers ein konkretes Paar aus System- und Bustakt auszuwählen. Intern wird auch hierbei mit einem Teiler gearbeitet, aber die Auswahl von Taktpaaren macht die Auswirkungen etwas deutlicher. So kann ein geringfügig niedrigerer Systemtakt unter Umständen einen höheren PCI-Takt erlauben, was das Gesamtsystem unterm Strich womöglich schneller macht. Dies hängt aber von vielen Faktoren ab, z. B. auch von der Art der bevorzugten Anwendungen. Endgültige Klarheit schaffen hier nur Leistungstests mit den verschiedenen Konfigurationen.

Den Verkehr auf dem PCI-Bus beschleunigen

Neben der reinen Taktfrequenz hängt die Leistung des PCI-Bus von verschiedenen Funktionen und Möglichkeiten ab. So gibt es verschiedene Zugriffsarten, die abhängig von den vorhandenen Komponenten gewählt werden können. Auch Latenzzeiten und Datenpuffer können angepasst werden, um eine optimale Leistung zu erreichen.

3. Stabil und schnell – BIOS-Leistungsbremsen lösen

1 Diese Einstellungen zur Performance des PCI-Bus befinden sich in der Regel im BIOS-Menü *Advanced Chipset
Features* (auch *Chipset Features Setup* oder *Advanced Chipset Setup*).

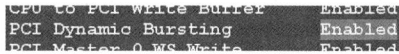

2 Zu den wichtigsten beschleunigenden Funktionen gehört der Burst-Modus, bei dem zu trans-
portierende Daten jeweils in einem Puffer gesammelt und – wenn der Puffer voll ist – auf
einen Schlag übertragen werden. Das macht den Datentransfer effizienter und schneller.
Deshalb sollte die Option *PCI Burst Mode* bzw. *CPU to PCI Burst Writing* oder *PCI Burst
to Main Memory* möglichst eingeschaltet sein. Lediglich bei älteren PCI-Karten, die nicht
den PCI-2.1-Standard beherrschen, sollte diese Funktion bei vorliegenden Störungen
deaktiviert werden.

3 Eine Erweiterung der Burst-Funktion ist das
PCI Dynamic Bursting. Beim normalen Burst
werden nur zusammenhängende Daten gespeichert, während Daten von verschiedenen
Geräten jeweils direkt (also ohne Burst) übertragen werden. Mit Dynamic Bursting können aber auch unzusammenhängende Daten gepuffert und dann per Burst übermittelt
werden. Da dies die Leistung des PCI-Bus in der Regel beschleunigt, sollte diese Option
eingeschaltet sein, solange sich dadurch keine Probleme ergeben.

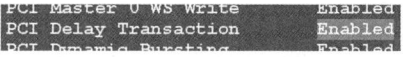

4 Die Option *PCI Delay Transaction* steuert
die Interaktion des PCI-Bus mit dem langsame-
ren ISA-Bus. Ist sie eingeschaltet, werden die Daten für den ISA-Bus bis zur Übergabe
gepuffert, damit der PCI-Bus sich schon wieder mit anderen Daten beschäftigen kann
und nicht auf den ISA-Bus warten muss. Diese Option sollte deshalb immer eingeschaltet sein. Wenn es Probleme mit eingebauten ISA-Karten gibt, kann man sie testweise
deaktivieren. Da der PCI-Bus dadurch enorm ausgebremst wird, ist dies aber keine dauerhaft sinnvolle Lösung.

5 Eine weitere potenzielle Geschwindigkeits-
bremse sind die Optionen *PCI Master 0 WS Write*
und *PCI Master 0 WS Read*. Sie werden in den
konservativen Grundeinstellungen gern deaktiviert, damit der PCI-Bus bei jeder Datenübertragung eine kurze Pause (WS = Wait State) einlegt. Das garantiert zwar auch bei schwierigen Situationen immer reibungslose Übertragungen, bremst die Daten aber erheblich
aus. Deshalb sollten diese Optionen, soweit vorhanden, auf *Enabled* gesetzt werden.

Belastungstests und Leistungsvergleiche anstellen

Das Optimieren der Geschwindigkeit auf bloßen Verdacht hin macht nur wenig Sinn. Sie sollten schon überprüfen, ob Veränderungen an Prozessortakt und Speicher-Timing wirklich Geschwindigkeitsvorteile bringen. Verwenden Sie deshalb am besten ein Programm zur Leistungsanalyse. Das kann die verschiedenen Komponenten sowie die Gesamtleistung Ihres PCs testen und bewerten. So sind Vergleiche mit anderen Systemen, aber auch die überaus wichtigen Vorher-Nachher-Vergleiche bei Einstellungsänderungen möglich.

1 Eine sehr praktische und kostengünstige Lösung ist das bereits erwähnte Shareware-programm SiSoft Sandra (*http://www.sisoftware.co.uk/sandra*). Es dient vor allem der Auskunft über eine Vielzahl von Systemeinstellungen und -eigenschaften der Hard- sowie der Software. Zum Umfang gehören aber auch eine Reihe von Tests, mit denen sich die Geschwindigkeit von Prozessor, Arbeitsspeicher, Festplatten usw. ermitteln lässt.

2 Um sich im Hauptfenster von Sandra besser zurechtzufinden, sollten Sie sich zunächst mit dem Symbol *Benchmarking Modules* in der Symbolleiste nur die Module zur Leistungsprüfung anzeigen lassen.

3 Sandra zeigt dann eine Reihe von Modulen an, mit denen Sie verschiedene Komponenten Ihres PCs testen lassen können.

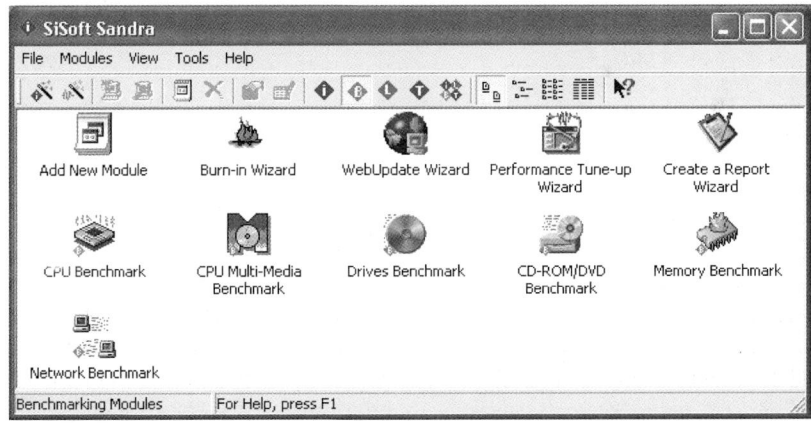

4 Um z. B. den Prozessor zu testen, rufen Sie *CPU Benchmark* auf. Alternativ dazu gibt es *CPU Multi-Media Benchmark*, der besonderen Wert auf die speziellen Multimedia-Funktionen Ihres Prozessors legt.

3. Stabil und schnell – BIOS-Leistungsbremsen lösen

5 Sandra startet daraufhin einen intensiven Test, der bis zu einigen Minuten dauern kann und den PC so lange komplett lahm legt. Vermeiden Sie Tastatur- und Mausbewegungen, um das Testergebnis nicht zu verfälschen.

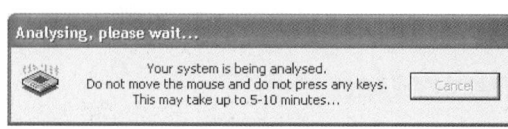

6 Anschließend präsentiert Ihnen das Programm die Ergebnisse des Tests. Die Werte Ihres eigenen PCs finden Sie ganz oben bei *Current CPU 1*. Darunter werden zum Vergleich die Daten verschiedener anderer Modelle als Referenz angegeben. Über die Auswahlfelder können Sie auch andere Referenzsysteme auswählen.

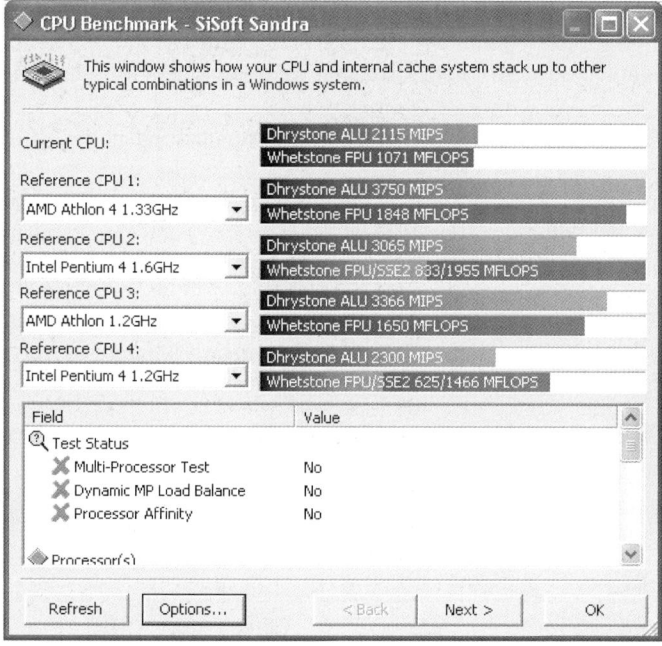

7 Auf diese Weise funktionieren auch die anderen Tests, mit denen Sie die Geschwindigkeit der Festplatten (*Drives Benchmark*), von CD-ROM- und DVD-Laufwerken (*CD-ROM/DVD Benchmark*), des Arbeitsspeichers (*Memory Benchmark*) und der Netzwerkverbindungen (*Network Benchmark*) feststellen können.

Dauerbelastungstests zur Stabilitätsprüfung

Worüber die Benchmark-Tests keine Auskunft geben können, ist die dauerhafte Stabilität eines Systems. Hier hilft aber das Modul Burn-in Wizard weiter. Dieser Assistent führt einen Burn-in-Test durch, d. h., er spult das volle Testprogramm automatisch so lange ab, bis Sie ihn beenden. So kann man den PC auch mal mehrere Stunden am vollen Anschlag betreiben, um die Stabilität sicherzustellen.

Den Virenschutz des BIOS aktivieren

Das BIOS Ihres PCs bietet einige wichtige, grundlegende Sicherheitsfunktionen. Die Verwendung von Passwörtern haben wir im ersten Kapitel bereits ausführlicher vorgestellt. Aber das BIOS Ihres PCs kann und sollte auch die erste Verteidigungslinie gegen Computerviren sein. Da es unmittelbar nach dem Einschalten des PCs und lange vor dem eigentlichen Betriebssystem aktiv wird, kann es von Anfang an schützend wirken und insbesondere Infektionen mit Bootsektorviren verhindern.

Was sind Bootsektorviren?

Bootsektorviren gehörten bis vor einiger Zeit zu den meistverbreiteten und gefährlichsten Computerviren. Sie befallen die Startbereiche von bootfähigen Datenträgern wie Disketten und Festplatten und setzen sich darin fest. So werden sie bei jedem PC-Start von diesem Datenträger automatisch aktiviert. Sie installieren sich dann im Arbeitsspeicher und lauern darauf, weitere Datenträger zu befallen. Bootsektorviren treffen die befallenen PCs an einer sehr empfindlichen Stelle. Während des Bootvorgangs kann noch kein anderes Programm (z. B. ein Virenscanner) aktiv sein, da das Starten von Programmen erst nach dem erfolgreichen Beenden des Bootens möglich ist.

Den Bootsektorvirenschutz des PCs aktivieren

Je nach Hersteller des BIOS bzw. PCs ist die Funktion zum Schutz vor Bootsektorviren meist standardmäßig aktiviert. Sie besteht in der vergleichsweise einfachen, aber wirkungsvollen Maßnahme, alle Zugriffe auf die Bootsektoren der angeschlossenen Festplatten zur unterbinden bzw. nur nach Rückfrage an den Benutzer zuzulassen. Allerdings sollten Sie sich im Zweifelsfall selbst davon überzeugen, ob diese Schutzfunktion bei Ihrem PC aktiviert ist.

1 Wählen Sie im Hauptmenü den Eintrag *BIOS Features Setup* (bzw. *Advanced BIOS Features* oder *Advanced CMOS Setup*).

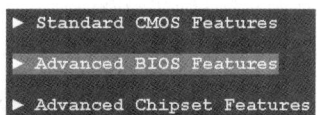

2 In der Liste der Einstellungen finden Sie je nach BIOS-Version einen Eintrag namens *Anti-Virus Protection*, *Virus Warning*, *Virus Detection*, *Boot Virus Detection* oder *Boot Sector Write Detection*.

3 Steht als Einstellung dieses Eintrags der Wert *Enabled*, ist die Virenschutzfunktion bereits aktiviert. Sehen Sie dort das Wort *Disabled*, ist die Schutzfunktion ausgeschaltet. Benutzen Sie in diesem Fall [Bild↑], um den Wert auf *Enabled* zu ändern.

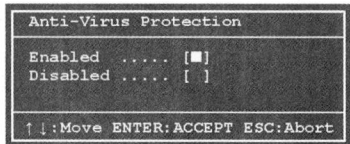

Angriffe auf den Bootsektor erkennen und abwehren

Sollte ein Virus (oder ein anderes Programm) versuchen, den Startbereich Ihrer Festplatte zu beschreiben, verhindert das BIOS dies und gibt eine Warnmeldung aus. Diese Warnmeldung lässt Ihnen die Wahl, den Zugriff mit *Y* zuzulassen oder mit jeder anderen Taste zu unterbinden. Beachten Sie dabei, dass im BIOS die Tasten [Y] und [Z] meist vertauscht sind und Sie deshalb [Z] drücken müssen, um einen Schreibzugriff zuzulassen.

Zulässige Schreibversuche

In bestimmten Ausnahmesituationen kann es berechtigte Schreibversuche auf den Bootsektor Ihrer Festplatte geben. Dazu gehört z. B. das Einrichten eines Boot-Managers oder das Installieren eines neuen Betriebssystems. In solchen Fällen müssen Sie den Schreibversuch zulassen, damit die neue Software anschließend richtig funktioniert. Am besten schalten Sie den Bootsektorvirenschutz vor dem Aufspielen eines neuen Betriebssystems vorübergehend ganz ab. So schließen Sie Störungen und Probleme durch diese Schutzfunktion aus. Vergessen Sie aber nicht, die Funktion nach erfolgreichem Installieren wieder einzuschalten.

Die Antiviren-Schutzfunktion mit Virwarn steuern

Bei einigen älteren BIOS-Versionen von Award ist die Funktion zum Schutz vor Bootsektorviren vorhanden, kann aber nicht über das BIOS-Setup gesteuert werden, sondern ist standardmäßig aktiviert. Dies ist besonders problematisch, wenn Sie auf einem solchen PC ein neues Betriebssystem installieren wollen. In einigen dieser Fälle kann das kostenlose Tool Virwarn (*http://web.inter.nl.net/hcc/J.Steunebrink/virwarn.htm*) helfen. Dieses kann die Virenschutzfunktion bei Award-BIOS-Systemen der Version 4.50 steuern, auch wenn dafür keine Option im BIOS-Setup vorgesehen ist.

1 Virwarn besteht aus einem kleinen Tool, das Sie nicht unter Windows, sondern direkt unter DOS ausführen sollten. Legen Sie dazu ggf. eine Startdiskette an.

2 Dann können Sie mit dem Befehl *virwarn* feststellen, ob das Programm bei Ihrem BIOS die Virenschutzfunktion steuern kann.

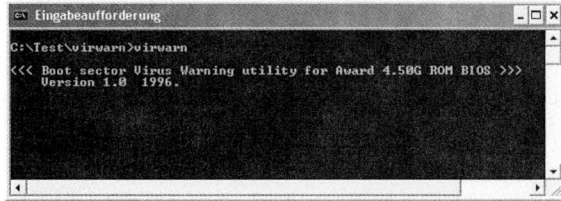

3 Sollte das Programm mit der Fehlermeldung * * * *'Award Modular BIOS v4.50G' not found, program aborted.* * * * reagieren, ist keine passende BIOS-Version vorhanden. Entweder haben Sie also eine andere BIOS-Version, oder der Zugriff auf das BIOS wird durch eine andere Software (z. B. einen Speicher-Manager) verhindert.

```
*** 'Award Modular BIOS v4.50G' not found, program aborted. ***
```

4 Meldet das Programm hingegen * * * *Virus Protection NOT detected in this Award BIOS, program aborted.* * * *, hat es die Schutzfunktion im vorhandenen BIOS nicht finden können. Entweder ist tatsächlich keine vorhanden, oder sie wird von einem anderen Programm versteckt bzw. geschützt (siehe oben).

```
*** Virus Protection NOT detected in this Award BIOS, program aborted. ***
```

5 Andernfalls können Sie die Virenschutzfunktion Ihres BIOS mit Virwarn steuern. Benutzen Sie in diesem Fall *virwarn on* zum Aktivieren und *virwarn off* zum Deaktivieren der Schutzfunktion.

Andere Tools zum Steuern von BIOS-Funktionen

Wenn Sie bei Ihrem BIOS den Virenschutz nicht steuern können, aber mit Virwarn auch keinen Erfolg haben, sollten Sie einmal einen Blick in Kapitel 6 werfen. Dort stellen wir weitere Tools vor, mit denen sich zum Teil auch BIOS-Optionen manipulieren lassen, die über das reguläre BIOS-Setup nicht zugänglich sind. Vielleicht ist dort etwas Passendes dabei.

Den Flash-Speicher des BIOS schreibschützen

Die Virengefahr besteht nicht nur für die angeschlossenen Festplatten mit Ihren Programmen und Daten, sondern auch für das BIOS selbst. Alle neueren BIOS-Systeme verfügen über einen Flash-Speicher, der per Software verändert werden kann, um z. B. ein BIOS-Update (siehe Kapitel 5) durchzuführen.

Dieser Flash-Speicher kann aber prinzipiell von beliebigen Programmen beschrieben werden, auch von solchen mit bösen Absichten, wie etwa Viren oder andere destruktive

3. Stabil und schnell – BIOS-Leistungsbremsen lösen

Vertreter. Auch eine zufällige Fehlfunktion eines „normalen" Programms könnte den Flash-Speicher versehentlich löschen. Zurück bliebe ein verschwundenes oder zumindest unbrauchbares BIOS, ohne das der Start des PCs nicht mehr möglich wäre. Deshalb sollte man die Schutzfunktionen für den Flash-Speicher unbedingt nutzen, wenn sie vorhanden sind.

1 Bei manchen BIOS-Versionen kann die Steuerung des Flash-Schreibschutzes per Software

```
BIOS Update                    Disabled
CPU Internal Cache             Enabled
```

geschehen. Dazu finden Sie im Untermenü *Advanced BIOS Features* (auch *Advanced CMOS Setup* oder *BIOS Features Setup*) eine Option namens *Enable Flash* oder *BIOS Update*, bei der Sie mit *Disabled* den Schreibschutz aktivieren müssen.

2 Bei vielen älteren Hauptplatinen geht es leider nicht ganz so komfortabel. Hier müssen Sie den BIOS-Schreibschutz physikalisch aktivieren, indem Sie einen Jumper oder einen DIP-Schalter auf der Platine umstecken. Lesen Sie in diesem Fall unbedingt im Handbuch Ihres PCs nach, welche Schritte dazu genau notwendig sind.

3 Bei modernen Hauptplatinen übernimmt inzwischen in der Regel das Update-Programm selbst die Steuerung des Schreibschutzes. Besondere Einstellungen im BIOS oder das Umlegen von Jumpern auf dem Board sind in diesem Fall nicht notwendig, weil der Schreibschutz erst unmittelbar vor dem Update entfernt und direkt im Anschluss automatisch wieder hergestellt wird.

Flash-Schutz beim BIOS-Update deaktivieren

Vor einem BIOS-Update müssen Sie den Schreibschutz für den BIOS-Speicher unbedingt entfernen. Dazu kehren Sie die oben beschriebenen Schritte um, d. h., Sie stellen im BIOS die Option *BIOS Update* auf *Enabled* oder stecken den entsprechenden Jumper oder DIP-Schalter auf der Hauptplatine wieder um.

Nach erfolgreichem Update sollten Sie den Schreibschutz aber in jedem Fall wieder herstellen. Diese Vorgänge beschreiben wir in Kapitel 5 ausführlicher.

4. Mit Power-Management Strom und Geld sparen

Die Stromsparfunktionen in modernen PCs können sehr wichtig und hilfreich sein. Zum einen helfen sie, den Stromverbrauch und damit die laufenden Kosten zu senken. Das ist vor allem für diejenigen interessant, die ihren Rechner rund um die Uhr laufen lassen und am liebsten gar nicht mehr abschalten wollen.

Darüber hinaus lassen sich teure Komponenten wie Prozessor, Monitor oder Festplatten schonen, wenn sie bei längeren Arbeitspausen abgeschaltet bzw. heruntergefahren werden.

Das Power-Management im BIOS aktivieren

Bei den grundlegenden Stromsparfunktionen, die z. B. bestimmte Komponenten bei längerer Nichtbenutzung abschalten, gibt es zwei Möglichkeiten.

Die Power-Management-Funktionen im BIOS einschalten

Die Einstellungen im BIOS sollten Ihrer Wahl bei den Power-Management-Funktionen entsprechen. Wenn das Betriebssystem die Kontrolle übernehmen soll, sollten Sie die Stromspareinstellungen im BIOS deaktivieren.

Andernfalls würden sowohl Betriebssystem als auch BIOS versuchen, Komponenten abzuschalten, was im schlimmsten Fall zu Verwirrung und Komplikationen führen kann. Wenn hingegen das BIOS die Steuerung des Stromverbrauchs übernehmen soll, müssen Sie die entsprechenden Funktionen einschalten und konfigurieren.

1 Alle BIOS-Einstellungen rund um das Stromsparen finden Sie im Untermenü *Power Management Setup* (auch *Power Management BIOS Setup*) des BIOS-Hauptmenüs.

`▶ Power Management Setup`

2 Hier finden Sie die Einstellung *Power Management*. In

`▶ Power Management          Press Enter`

manchen BIOS-Versionen ist sie als Option ausgeführt, bei der Sie direkt einen Wert wählen können. Teilweise verbirgt sich dahinter auch ein Untermenü, das Sie zunächst mit (Enter) öffnen müssen.

3 Ist ein Untermenü vorhanden, finden Sie darin eine weitere Option *Power Management*. Hiermit können Sie verschiedene Voreinstellungen wie *Min Saving* oder *Max Saving* für minimalen bzw. maximalen Stromspareffekt wählen. Das BIOS wählt dann die weiteren Optionen entsprechend. Mit *User Define* können Sie die exakten Werte für die weiteren Optionen in diesem Untermenü selbst wählen. Um das Power-Management per BIOS zu deaktivieren, wählen Sie *Disabled*.

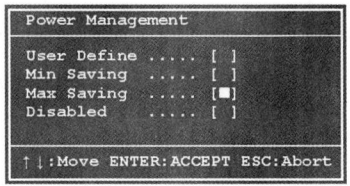

Power-Management ohne Disabled deaktivieren

Tipp

Sollte die Einstellung *Power Management* bei Ihrem BIOS keine Option *Disabled* anbieten, wählen Sie stattdessen *User Define* und setzen die weiteren Optionen im Untermenü auf *Disabled*. Das hat den gleichen Effekt.

Power Management	User Define
HDD Power Down	Disable
Doze Mode	Disable
Suspend Mode	Disable

Die Festplatten in Ruhephasen herunterfahren lassen

Eine Möglichkeit zum Stromsparen ist das Herunterfahren der Festplatten. Es hat gleich mehrere Vorteile: Zum einen sparen Sie Strom, wenn die Festplatten in Arbeitspausen nicht weiter drehen.

Zum anderen verringert sich dadurch der Geräuschpegel des PCs. Schließlich können Sie bei längeren Arbeitspausen Verschleiß der Festplatten vermeiden, auch wenn dieser Effekt mit Vorsicht zu genießen ist (siehe Infobox). Dafür müssen Sie beim Aufwachen und Wiederanlaufen der Festplatte einmal zwei bis drei Sekunden Wartezeit in Kauf nehmen.

Energiesparen bei Festplatten

Tipp

Das Abschalten von Festplatten hat einen Nachteil, den man bedenken sollte: Festplatten für den normalen Alltagseinsatz sind darauf ausgelegt, „nur" einige tausend Mal hoch- und runtergefahren zu werden. Normalerweise kein Problem, wenn man die Festplatte morgens an- und abends abschaltet. Wenn aber die Energiesparfunktionen dafür sorgen, dass die Festplatten z. B. zehnmal pro Tag ab- und später wieder eingeschaltet werden, kann das die Lebensdauer einer Festplatte erheblich verkürzen. Außerdem führt das Wiederanfahren der Festplatte kurzfristig zu einem erhöhten Stromverbrauch, der einen Teil der Ersparnis wieder auffrisst.

1 Die Einstellung zum Herunterfahren der Fest-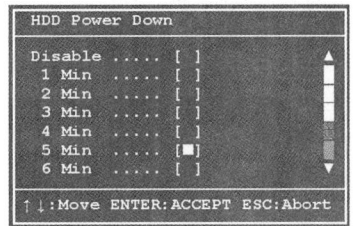
platten finden Sie im *Power Management*-Menü
unter dem Namen *HDD Power Down*. Hier können Sie mit (Bild↑) bzw. (Bild↓) einen Wert
auswählen, oder Sie öffnen mit (Enter) das Untermenü, in dem die möglichen Einstellungen etwas übersichtlicher angezeigt werden.

2 Im Untermenü können Sie Werte zwischen einer
Minute (*1 Min*) und je nach BIOS-Version bis zu 15
Minuten oder mehr wählen. Sollen die Festplatten
überhaupt nicht heruntergefahren werden, stellen Sie
den Wert auf *Disable*.

Den Prozessor schlafen schicken

Bei neueren Modellen kann auch der Prozessor heruntergefahren werden, wenn gerade
keine Rechenarbeit ansteht. Dazu verringert das BIOS die Taktfrequenz des Prozessors
auf einen Bruchteil des sonst üblichen, sodass der Prozessor zwar weiterläuft, aber eben
nur sehr langsam.

Dies spart erheblich Strom und senkt darüber hinaus die Betriebswärme. Dadurch kann
sich ggf. wiederum der Prozessorlüfter abschalten, was noch mal Strom spart und den PC
leiser macht.

1 Das Verringern des Prozessortakts bezeichnet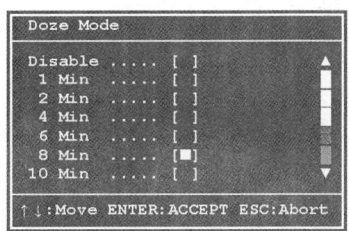
man als Doze-Modus (zu Deutsch etwa „dösen").
Sie finden die entsprechende Einstellung ebenfalls im *Power Management*-Menü unter
der Bezeichnung *Doze Mode*.

2 Auch hier können Sie mit (Enter) das übersichtliche Auswahlmenü öffnen und eine Zeit zwischen einer Minute (*1 Min*) und einer Stunde (*1 Hour*) auswählen. Auch diese Stromsparfunktion kann mit
Disable deaktiviert werden, wenn es z. B. Probleme
mit bestimmten Programmen gibt oder wenn die Pro-
zessorgeschwindigkeit in Arbeitspausen eben ausdrücklich nicht verringert werden soll.

Den Bildschirm durch automatisches Abschalten schonen

Eine weitere Möglichkeit zum Stromsparen ist das Abschalten des Monitors. Ursprünglich diente diese Funktion dem Schutz von Röhrenmonitoren vor dem Einbrennen eines dauerhaften Bilds in die Bildröhre. Bei modernen Monitoren und Flachbildschirmen besteht diese Gefahr allerdings längst nicht mehr, da die Geräte selbst entsprechende Vorkehrungen treffen. Trotzdem macht das Abschalten des Bildschirms Sinn, wenn der PC länger nicht benötigt wird, da Monitore einen nicht unerheblichen Anteil am Stromverbrauch von PCs haben.

1 Die wesentlichen Optionen für das Abschalten des Monitors finden Sie im Untermenü *Power Management Setup*.

2 Hier legen Sie mit der Option *Video Off Option* (auch als *Video Off After* bezeichnet) fest, wann der Monitor abgeschaltet werden soll. Dabei können Sie in der Regel keinen festen Zeitraum vorgeben, sondern bestimmen den Stromsparmodus, in dem der Monitor deaktiviert werden soll. Schaltet der PC in den hier gewählten Modus, wird automatisch auch der Bildschirm abgeschaltet.

3 Öffnen Sie mit (Enter) das Auswahlmenü, um auf einen Blick zu sehen, welche Auswahlmöglichkeiten Ihr BIOS anbietet. Mit *Always on* verzichten Sie ganz auf das Abschalten des Bildschirms. Die Einstellung *Suspend -> Off* sorgt dafür, dass der Monitor stets abgeschaltet wird, wenn der PC den Suspend-Zustand 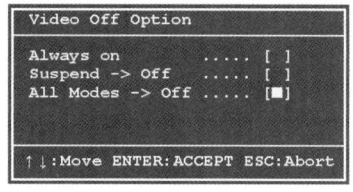 erreicht (siehe dazu auch den nachfolgenden Abschnitt). Mit *All Modes -> Off* wird der Bildschirm in jedem Stromsparmodus automatisch mit abgeschaltet.

4 Schließlich müssen Sie noch festlegen, auf welche Weise der Monitor abgeschaltet werden soll. Dazu bietet die Einstellung *Video Off Method* meist drei verschiedene Methoden an. Die praktischste Lösung ist in der Regel *V/H SYNC+Blank*. Dabei werden die Signale von der Grafikkarte an den Monitor abgeschaltet. Die meisten Bildschirme erkennen dies und schalten sich daraufhin automatisch ab. Ähnlich funktioniert der Display Power Managing Signaling-Standard DPMS. Er setzt allerdings voraus, dass sowohl Monitor als auch Grafikkarte DPMS unterstützen. Bei älteren Geräten können Sie sich mit der Methode *Blank Screen* behelfen, bei der das BIOS einfach eine leeren, dunklen Bildschirm erzeugt. Der Monitor wird dabei zwar nicht wirklich abgeschaltet, aber zumindest wird der Stromverbrauch etwas reduziert und der Bildschirm geschont.

Den PC mit dem Suspend-Modus in den Tiefschlaf versetzen

Neben dem Steuern der einzelnen Komponenten können Sie mit dem Suspend-Modus den (fast) kompletten PC während Ihrer Arbeitspausen in den Strom sparenden Schlaf versetzen lassen. Dabei werden außer dem Prozessor selbst sämtliche Komponenten abgeschaltet.

1 Die Einstellung für den Suspend-Modus finden Sie im *Power Management*-Menü mit der Option *Suspend Mode*.

2 Der Suspend-Modus kann entweder mit *Disable* deaktiviert oder auf einen Wartezeitraum von einer Minute (*1 Min*) bis zu einer Stunde (*1 Hour*) festgelegt werden. Da das Aufwachen des PCs aus diesem Modus etwas länger dauert, sollten Sie den Wartezeitraum nicht zu kurz wählen, sodass der Rechner wirklich nur bei längeren Pausen in diesen Modus wechselt.

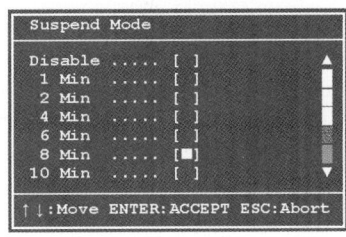

Den PC nach Stromausfällen wieder starten

Wenn bei einem PC während des Betriebs der Strom ausfällt, kann das zwar unangenehme Datenverluste mit sich bringen, ein dauerhafter Schaden entsteht aber in der Regel nicht. Die Frage ist nur, wie der PC sich verhält, wenn der Strom später wieder einsetzt. Bei älteren Modellen keine Frage: Solange der Netzschalter auf an steht, starten sie einfach neu. Bei neueren ATX-Rechnern haben Sie aber die Wahl, ob der PC in solchen Situationen ausgeschaltet bleiben oder gestartet werden soll. Das ist in verschiedenen Situationen sinnvoll. Wenn Sie einen PC mit Serveraufgaben oder z. B. für den Fax- und E-Mail-Empfang rund um die Uhr betreiben wollen, sollte er nach einem Stromausfall unverzüglich wieder hochfahren. Aber auch wenn Sie den PC nebst Zusatzgeräten wie Monitor, Drucker, Scanner usw. über eine schaltbare Steckerleiste versorgen, um alle Geräte vollständig vom Strom trennen zu können, ist diese Funktion wichtig. Richtig eingestellt, sorgt sie dafür, dass der PC automatisch startet, sobald Sie den Strom für die Steckerleiste anschalten. Ein zusätzliches Betätigen des Einschaltknopfs wird dann überflüssig.

4. Mit Power-Management Strom und Geld sparen

1 Die dafür entscheidende Option finden Sie im Unter- ▶ Power Management Setup
menü *Power Management Setup*.

2 Hier steuern Sie mit der Einstellung *State After* | State After Power Failure   On
Power Failure, wie der PC sich nach einem Stromaus-
fall verhalten soll. Wählen Sie *On*, startet der Computer automatisch, sowie wieder Strom
vorhanden ist. Diese Option sollten Sie wählen, wenn der PC rund um die Uhr laufen soll
oder wenn Sie ihn mittels einer schaltbaren Steckerleiste einschalten wollen. Mit *Off*
bleibt der PC ausgeschaltet und muss mit dem Einschaltknopf ausdrücklich wieder aktiviert werden.

Die Steuerung der Stromsparfunktionen auf Windows übertragen

Wenn Sie ein komfortables Betriebssystem wie Windows verwenden, macht es Sinn, anstelle des BIOS diesem die Power-Management-Funktionen zu übertragen. Dadurch wird
zum einen die Konfiguration der Einstellungen leichter, da Sie dazu nicht jedes Mal ins
BIOS wechseln müssen. Außerdem kann es zu Instabilitäten kommen, wenn die Stromsparfunktionen des BIOS dem Betriebssystem quasi den Boden unter den Füßen wegzie-
hen.

Power-Management im Windows-Betriebssystem

Bei Windows finden Sie prinzipiell die gleichen Einstellungen für das Stromsparen vor
wie im BIOS selbst. Allerdings sind sie etwas vereinfacht und durch vorgefertigte Profile
leicht an die Einsatzbedingungen Ihres PCs anzupassen.

1 Um die Energiesparfunktionen Ihres PCs unter Windows zu steu-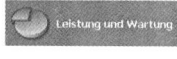
ern, rufen Sie die Systemeinstellungen mit *Start/Einstellungen/*
Systemsteuerung auf und wechseln dort in den Bereich *Leistung und Wartung*.

2 Öffnen Sie hier die *Energieoptionen*.

3 Bleiben Sie zunächst in der Kategorie *Energie-*
schemas. Im gleichnamigen Feld können Sie unter
verschiedenen vorgefertigten Schemata die pas-
sendste Anforderung für Ihren PC wählen.

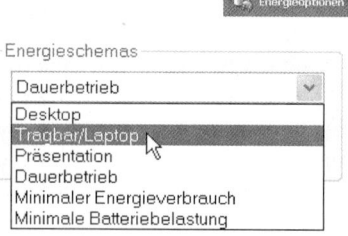

106

4 Sind Sie mit keinem der Schemata zufrieden, basteln Sie sich einfach Ihr eigenes. Geben Sie dazu im unteren Bereich an, nach welchem Zeitraum ohne Aktivität der PC jeweils in den *Ruhezustand* wechseln sowie den *Monitor ausschalten* bzw. die *Festplatten abschalten* soll. Mit *Speichern*

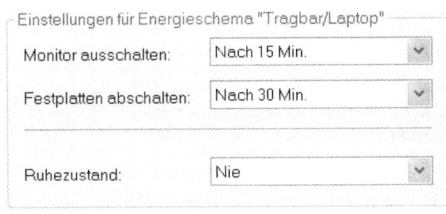

unter können Sie diese Einstellungen als eigenes Schema abspeichern und immer wieder verwenden.

5 Weitere Optionen können Sie in der Kategorie *Einstellungen* festlegen. Mit der Option *Symbol in der Taskleiste anzeigen* platzieren Sie ein spezielles Symbol für die Energieverwaltung im Info-

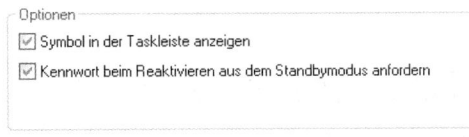

bereich rechts unten in der Startleiste. Das ist dann sinnvoll, wenn Sie die Einstellung regelmäßig ändern. Einen zusätzlichen Schutzmechanismus bietet die Funktion *Kennwort beim Reaktivieren des Computers anfordern*.

APM für Windows aktivieren

Damit Windows fortgeschrittene Stromsparfunktionen wie etwa das Versetzen des PCs in den Tiefschlaf nutzen kann, muss das erweiterte Energiesparen aktiviert werden. Dabei gibt es zwei Möglichkeiten: Das Advanced Power Management APM ist ein älterer Standard, der aber von praktisch allen heute noch gebräuchlichen PCs unterstützt wird. Neuere Geräte bieten als Alternative dazu die Weiterentwicklung Advanced Configuration and Power Interface ACPI an. Dieses ermöglicht erheblich weiter gehende Funktionen. Welche dieser beiden Erweiterungen zur Verfügung steht, erkennen Sie an den Energieoptionen von Windows. Wenn ACPI zur Verfügung steht, ist es in der Regel automatisch aktiviert. APM hingegen muss erst ausdrücklich eingeschaltet werden.

Windows und das Power-Management

Windows XP und Windows 2000 ermitteln bei der Installation automatisch, ob die Verwendung von ACPI möglich ist. Die Voraussetzung dafür ist neben einem ACPI-fähigen BIOS, dass alle verbauten Hardwarekomponenten ACPI unterstützen. Dies ist leider nicht immer der Fall. Stellt der Installations-Assistent fest, dass es mit ACPI Probleme geben könnte, verzichtet er darauf und greift stattdessen auf das robustere APM zurück, auch wenn dies weniger Funktionalität bietet. Deshalb haben Sie bei Windows XP und Windows 2000 nicht immer die Wahl zwischen ACPI und APM, sondern müssen sich mit dem jeweils Vorhandenen zufrieden geben. Allerdings können Sie ein ACPI-

System immer in ein APM-System umwandeln. Dadurch kann sich das Verhalten des PCs bei den Energiesparfunktionen allerdings verändern. Manchmal ist das positiv, weil sich so z. B. Probleme beim Ausschalten des PCs lösen lassen, manchmal treten solche Probleme dann aber auch erst auf. Einen Versuch ist es aber allemal wert.

1 Wenn bei Ihrem System APM für die erweiterten Stromsparfunktionen verwendet wird, finden Sie in den Energie-

```
┌─ Advanced Power Management ─────────────────────────┐
│  ☑ Unterstützung für Advanced Power Management aktivieren │
└──────────────────────────────────────────────────────┘
```

optionen eine gleichnamige Rubrik vor. Wählen Sie hier im Bereich *Advanced Power Management* die Option *Unterstützung für Advanced Power Management aktivieren*, damit die APM-Funktionen eingeschaltet werden.

2 Anschließend ist ein Neustart erforderlich, damit die APM-Funktionen aktiviert werden können.

Den PC in den Stromspar-Tiefschlaf versetzen

Wenn Sie die erweiterten Stromsparfunktionen für Windows aktiviert haben, stehen Ihnen zusätzliche Möglichkeiten und Betriebszustände zur Verfügung, die entweder wie im BIOS nach vordefinierten Zeiten der Untätigkeit automatisch gewählt oder bei Bedarf auch jederzeit manuell ausgelöst werden können.

Den PC automatisch schlafen schicken

Mit APM und ACPI kann der PC in verschiedene Energiesparzustände versetzt werden. Beim Ruhezustand werden die im Arbeitsspeicher befindlichen Daten auf der Festplatte gespeichert, und der Rechner wird ausgeschaltet. Beim nächsten Start werden die zwischengespeicherten Daten wieder an die gleichen Stellen im Arbeitsspeicher geschrieben, sodass der PC genau in dem Zustand wiederhergestellt wird, in dem der Ruhezustand ausgelöst wurde. Im Stand-by-Modus werden alle Komponenten des PCs abgeschaltet, und nur der Arbeitsspeicher wird weiterhin mit Strom versorgt, sodass der aktuelle Inhalt gespeichert bleibt. Auch hier kann der PC auf Tastendruck die Arbeit an der alten Stelle fortsetzen, nur dass dies wesentlich schneller als beim Ruhezustand erfolgt.

1 Um das Stromsparen im Ruhezustand zu ermöglichen, wechseln Sie zunächst in den Energieoptionen in das Register

```
┌─ Ruhezustand ──────────────────────┐
│  ☑ Ruhezustand aktivieren          │
└────────────────────────────────────┘
```

Ruhezustand. Schalten Sie hier die Option *Ruhezustand aktivieren* ein, damit Ihr PC den Ruhezustand nutzen kann.

2 Die Anzeige darunter verrät Ihnen, wie viel *Speicherplatz für den Ruhezustand* benötigt wird und wie viel vorhanden ist. *Freier Speicherplatz* gibt den nutzbaren Speicherplatz auf Ihrer Festplatte

an. *Für Ruhezustand benötigt* entspricht der Größe Ihres Arbeitsspeichers. Sollten die beiden Werte sich nähern, müssen Sie zusätzlich freien Speicherplatz auf der Festplatte schaffen, damit der Ruhezustand funktionieren kann.

3 Wechseln Sie dann in das Register *Energieschema*, um festzulegen, wann der Ruhezustand

verwendet werden soll. Dazu können Sie wiederum die Zeit in Minuten oder Stunden angeben, nach der Windows den so lange ungenutzten PC in den Ruhezustand versetzen soll.

Den Ruhezustand manuell aktivieren

Sie können den Ruhezustand nicht nur automatisch nach dem Verstreichen einer vordefinierten Zeit der Untätigkeit herbeiführen. Windows bietet auch die Möglichkeit, den Ruhezustand jederzeit per Mausklick bewusst herbeizuführen. Wenn Sie also z. B. den Rechner länger als eine halbe Stunde verlassen wollen, später aber an der gleichen Stelle weiterarbeiten möchten, können Sie diese Variante benutzen. So müssen Sie nicht alle Anwendungen schließen, den PC beenden, um ihn später wieder starten und alles wieder aufrufen zu müssen.

1 Um den Ruhezustand manuell herbeizuführen, klicken Sie auf *Start/Ausschalten*, ganz so, als ob Sie Windows beenden wollten.

2 Im anschließenden Menü *Computer ausschalten* wählen Sie anstelle von *Ausschalten* oder *Neu starten* ganz links *Ruhezustand*. Der Rechner wird dann genau so in den Ruhezustand versetzt, wie dies automatisch aufgrund einer längeren Arbeitspause geschehen wäre.

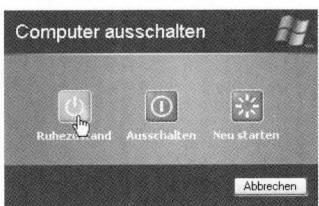

Info

Ruhezustand oder Stand-by-Modus durch die Energiespartaste

Viele neuere Rechner haben an der Gehäusefront neben dem Ein-/Ausschalter und der Reset-Taste eine weitere Taste zum Energiesparen (deshalb auch gern in grüner Farbe). Eine ähnliche Taste gibt es außerdem auch auf vielen neuen Tastaturen. Standardmäßig lässt sich mit dieser Taste ebenfalls der Ruhezustand manuell herbeiführen. Allerdings ist es bei vielen Geräten möglich, die Funktion dieser Taste im BIOS bzw. in den Energieoptionen von Windows anders zu belegen, sodass sie z. B. stattdessen in den Ruhezustand oder den Stand-by-Modus wechselt (siehe dazu auch den nachfolgenden Abschnitt).

Den Ein-/Ausschalter am PC nach Bedarf belegen

Wenn Ihr Rechner ACPI unterstützt, steht Ihnen eine weitere praktische Möglichkeit zur Verfügung. Sie können die Funktion des Ein-/Ausschalters verändern, sodass er den laufenden PC nicht mehr ausschaltet, sondern stattdessen in einen Stromsparmodus wechselt. Das ist eine praktische Erweiterung, da man die Taste zum Ausschalten unter Windows in der Regel ohnehin nicht benötigt.

1 Um die Belegung des Ein-/Ausschalters festzulegen, wechseln Sie in den Energieoptionen in das Register *Erweitert*.

2 Hier können Sie im Bereich *Netzschaltervorgänge* einstellen, was z. B. *Beim Drücken des Netzschalters am*

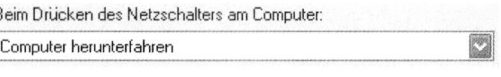

Computer passieren soll. Zur Auswahl stehen hier etwa das klassische *Ausschalten* oder als Alternative *In den Standbymodus wechseln*.

3 Wenn Ihr PC zusätzlich über eine Energiespartaste am Gehäuse verfügt, können Sie meist für diese fest-

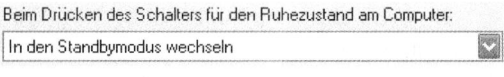

legen, was *Beim Drücken des Schalters für den Ruhezustand am Computer* geschehen soll, damit Sie z. B. damit *In den Standbymodus wechseln* können.

So wacht der PC wieder auf

Nachdem Sie die verschiedenen Methoden kennen gelernt haben, wie man den PC in einen Strom sparenden Modus versetzt, bleibt natürlich die Frage, wie er wieder daraus aufwacht. Die nahe liegende Antwort darauf lautet: Wenn Sie Tastatur oder Maus bedienen bzw. beim Ruhezustand den PC wieder einschalten. Es gibt aber auch andere Möglichkeiten, den PC wieder zum Leben zu erwecken. So kann z. B. ein nur selten gebrauchter Netzwerkserver durchaus im Stand-by-Modus laufen. Richtig konfiguriert, erkennt er Anfragen aus dem Netzwerk und aktiviert sich dann automatisch wieder zur vollen Leistungskraft. Ähnliches lässt sich für andere Komponenten wie z. B. Modems erreichen.

Die Wake-up-Ereignisse im BIOS einstellen

Standardmäßig erwacht jeder PC aus dem Stand-by-Modus, wenn Sie eine Taste drücken oder die Maus bewegen. Im BIOS lassen sich aber noch eine Vielzahl weiterer solcher Wake-up-Ereignisse einstellen, sodass Sie Ihren PC ganz flexibel an spezielle Aufgaben anpassen können. Soll ein Rechner z. B. für den Faxempfang rund um die Uhr laufen, kann er dies im Strom sparenden Stand-by-Modus tun. Eine extra eingestellte Wake-up-Überwachung des Faxmodems sorgt dafür, dass er bei eingehenden Anrufen sofort hellwach ist und tätig wird.

1 Um die Wake-up-Ereignisse zu konfigurieren, gehen Sie  im Hauptmenü des BIOS-Setup zunächst in das Untermenü *Power Management Setup*.

2 Hier bewegen Sie die Markierung auf  das Untermenü *Wake Up Events* und öffnen es mit [Enter].

3 Im anschließenden Menü können Sie für die  verschiedenen Komponenten festlegen, ob das System bei Aktivitäten dieser Geräte aufwachen soll. *VGA* auf *ON* sorgt etwa dafür, dass der PC bei Aktivitäten der Grafikkarte aufwacht. Wird z. B. eine Meldung über eine neue E-Mail angezeigt, würde dies dazu führen, dass sich das System reaktiviert und unter anderem den Bildschirm einschaltet, sodass Sie die Meldung wahrnehmen.

4 *LPT & COM* bezieht sich auf die seriellen und parallelen Schnittstellen des Rechners. Hier können Sie einstellen, ob der PC bei Daten auf einer seriellen Schnittstelle (*COM*), auf der parallelen Schnittstelle (*LPT*) oder bei beiden aufwachen soll (*LPT/COM*). Diese Option dürfte allerdings nur in sehr speziellen Fällen erforderlich sein.

5 Mit *HDD & FDD* auf *ON* lassen Sie die Aktivitäten von Festplatten und Diskettenlaufwerken überwachen. Dadurch wacht der PC bei jeglichen Aktionen dieser Geräte sofort auf.

4. Mit Power-Management Strom und Geld sparen

6 *PCI Master* steuert die Überwachung des PCI-Busses, der das Rückgrat für praktisch alle Datentransfers im PC bildet. Diese Option auf *ON* zu stellen ist aber nicht unbedingt zu empfehlen, da der Rechner dann oftmals auch grundlos aufwachen könnte.

7 Sehr hilfreich kann die Option *Wake Up On LAN/Ring* sein. Sie sorgt dafür, dass der PC bei ankommenden Daten aus dem Netzwerk oder bei eingehenden Anrufen eines angeschlossenen Modems sofort aktiv wird.

Aufwachereignisse an bestimmte Interrupts knüpfen

Manche BIOS-Versionen bieten neben den klassischen Aufwachereignissen die Möglichkeit, für einzelne Interrupts individuell festzulegen, ob deren Aktivitäten zum Aufwachen führen sollen oder nicht. Dies ermöglicht sehr spezielle Konfigurationen, bei denen z. B. Aktivitäten einer bestimmten Komponente nicht gleich den ganzen PC aufwecken. Wenn z. B. der Interrupt für Netzwerkkarte und Festplatten-Controller keine Aufwachereignisse herbeiführt, bleibt der Bildschirm abgeschaltet, selbst wenn Sie (oder z. B. ein Kollege) per Netzwerk Dateien von diesem Rechner anfordern. Aber auch wenn Sie z. B. regelmäßig durch versehentliches Berühren der Maus den PC grundlos wecken, können Sie für den Interrupt der Maus explizit das Aufwachereignis deaktivieren. Dann führt nur noch ein Druck auf die Tastatur zum Erwachen des PCs.

1 Wenn Ihr BIOS solche individuellen Einstellungen erlaubt, finden Sie in den *Wake up Events* des *Power Management Setup* das Untermenü *IRQs Activity Monitoring* (auch Primary Intr).

2 Im anschließenden Untermenü können Sie dann das Verhalten für alle sinnvollen Interrupts individuell festlegen. Wählen Sie dazu den Interrupt aus, den die gewünschte Komponente verwendet. Teilweise werden diese Geräte direkt im Klartext angegeben. Bei zusätzlich eingebauten Komponenten (ISDN-Karte usw.) finden Sie aber höchstens die Anmerkung (*Reserved*).

3 Für jeden der aufgeführten Interrupts sind drei Einstellungen möglich. Mit *Primary* erwacht der PC bei Aktivitäten auf der ersten angeschlossenen Komponente. Mit *Secondary* wird hingegen das zweite Gerät überwacht und der PC ggf. aufgeweckt. Diese Unterscheidung macht Sinn, wenn ein Interrupt für mehrere Komponenten zuständig ist (Interrupt-Sharing). Soll keines der von diesem

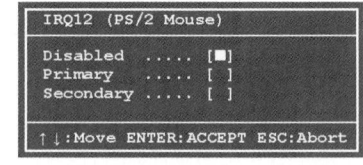

112

Interrupt betreuten Geräte ein Aufwachereignis herbeiführen, setzen Sie die Option auf *Disabled*.

Vorsicht beim Abschalten von Interrupts!

Bevor Sie für einen bestimmten Interrupt Aufwachereignisse deaktivieren, sollten Sie genau prüfen, auf welche Komponenten dies Einfluss hat. Bedenken Sie dabei auch, dass bei modernen PCs mit Interrupt-Sharing ein Interrupt für mehrere Komponenten zuständig sein kann. Wenn Sie z. B. sowohl den Maus- als auch den Tastatur-Interrupt abschalten, können Sie Ihren PC nicht mehr selbst aus dem Tiefschlaf wecken. Dann hilft nur noch der Griff zur Reset-Taste einschließlich eventueller Datenverluste.

Den PC zu einem festgelegten Zeitpunkt automatisch aufwachen lassen

Schließlich gibt es noch eine weitere Wake-up-Möglichkeit, die in bestimmten Situationen hilfreich sein kann. Da im Stand-by-Modus die Echtzeituhr des Rechners weiterläuft, können Sie diesen zu einer bestimmten Uhrzeit wieder aufwachen lassen. Dies kann entweder an einem bestimmten Tag (im Monat) oder jeden Tag passieren. So können Sie z. B. sicherstellen, dass der PC täglich um eine bestimmte Uhrzeit verfügbar ist.

1 Stellen Sie dazu im Untermenü *Wake Up Events* zunächst die Option *RTC Alarm Resume* auf *Enabled*. Dadurch aktivieren Sie die darunter befindlichen Einstellungen für Datum und Uhrzeit.

`RTC Alarm Resume                    Enabled`

2 Nun können Sie mit der Option *Date (of Month)* darunter den Tag wählen, an dem das Wake-up-Ereignis ausgelöst werden soll. Stellen Sie hier *0* ein, wacht der PC jeden Tag zur vorgegebenen Uhrzeit auf.

`Date (of Month)                           0`

3 Bei den nachfolgenden Einstellungsmöglichkeiten *Resume Time (hh:mm:ss)* geben Sie nacheinander Stunde, Minute und Sekunde der Uhrzeit ein, zu der das Aufwachen erfolgen soll.

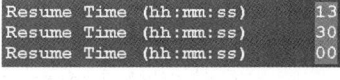

```
Resume Time (hh:mm:ss)              13
Resume Time (hh:mm:ss)              30
Resume Time (hh:mm:ss)              00
```

Der PC wird zum vorgegebenen Zeitpunkt aus dem Stand-by-Modus erwachen (wenn er sich dann darin befindet) und seine vorherige Tätigkeit fortsetzen. Dies tut er so lange, bis er sich (aufgrund der ansonsten üblichen Wartezeiten) wieder in den Stand-by-Modus begibt. Auf diese Weise kann ein Rechner also sehr flexibel eingestellt werden, z. B.

kann er jeden Tag zu einer bestimmten Uhrzeit eine halbe Stunde lang auf einen Anruf warten oder Ähnliches.

Troubleshooting: Wenn der PC nicht wach wird

Leider klappt das Ausnutzen der verschiedenen Stromsparmodi längst nicht immer so reibungslos, wie das wünschenswert wäre. Manchmal verabschiedet sich der PC statt in den Tiefschlaf ins Daten-Nirvana. Häufig klappt auch gerade das Aufwachen aus einem Stromsparmodus nicht, bzw. einzelne Komponenten funktionieren anschließend nicht mehr korrekt, sodass auch hier nur ein kompletter Neustart hilft. In solchen Fällen ist Fehlersuche und Detektivarbeit angesagt.

Aktuelle Treiber einspielen

Probleme mit den Stromsparfunktionen hängen fast immer mit einer unzulänglichen Treiberunterstützung einzelner Komponenten zusammen. Rein technisch könnte praktisch jede Hardwarekomponente sich für einen Stromsparmodus abschalten und später wieder einschalten. Allerdings muss der Treiber dann dafür sorgen, dass die Komponente beim Aufwachen wieder initialisiert und in den Zustand vor dem Stromsparmodus zurückversetzt wird. Leistet ein Treiber dies nicht oder nicht zuverlässig, wird diese eine Komponente die Stromsparfunktionen des gesamten PCs blockieren.

1 Wenn nur eine bestimmte Komponente nach dem Wiederaufwachen des PCs nicht mehr funktioniert, haben Sie den Quertreiber mit großer Wahrscheinlichkeit gefunden. Stellen Sie fest, welche Treiberversion Sie für diese Komponente verwenden und ob der Hersteller in der Zwischenzeit vielleicht eine neuere Version bereitgestellt hat.

2 Äußern sich die Probleme in Totalabstürzen beim Einschlafen oder Aufwachen, wird es schwieriger. Hier sollten Sie zunächst bei allen Hardwarekomponenten prüfen, ob vielleicht aktuellere Treiber vorliegen, und diese ggf. installieren.

3 Um festzustellen, welche Komponente letztlich für den Ausfall verantwortlich ist, können Sie auf die harte Tour alle Zusatzkomponenten einzeln entfernen, bis das System die Stromsparmodi korrekt nutzen kann. Dann kennen Sie den Übeltäter und können sich z. B. im Internet informieren, ob Probleme und eventuelle Lösungen für diese Komponente bekannt sind. Eine Alternative, die problematische Komponente ohne Schraubenzieher zumindest bei den besonders anfälligen Windows 9x-/ME-Versionen zu finden, zeigen wir im Folgenden noch ausführlicher.

Info

Die üblichen Verdächtigen

Wenn Sie nur eine überschaubare Anzahl von zusätzlichen Komponenten in Ihrem PC haben, kann es sich auch lohnen, zu deren Stromsparverhalten eine Recherche im Internet anzustellen. Das spart aufwendige eigene Experimente. Dabei stößt man schnell auf Komponenten, die häufig zu Problemen mit Stromsparfunktionen führen. So sind z. B. TV-Karten im PC dafür bekannt, dass Suspend- oder Stand-by-Modi in den seltensten Fällen mitmachen, egal wie aktuell der Treiber sein mag. Ansonsten gilt die Grundregel, dass die Hersteller höherwertiger (= teurer) Produkte meist mehr Aufwand in die Unterstützung solcher Funktionen stecken,

Die aktuelle Version des Treibers feststellen

Um festzustellen, ob Sie eine aktuelle Version des Treibers für eine bestimmte Hardwarekomponente verwenden, müssen Sie die Versionsinformationen der Treibersoftware überprüfen. Diese finden Sie über den Geräte-Manager heraus.

1 Bei Windows 9x/ME öffnen Sie dazu mit *Start/Einstellungen/Systemsteuerung* die Systemsteuerung und rufen hier die Kategorie *System* auf. Wechseln Sie nun in die Rubrik *Geräte-Manager*.

System

2 Bei der Kategorieansicht der Systemsteuerung von Windows XP erreichen Sie die gleiche Position, wenn Sie zunächst die Kategorie *Leistung und Wartung* auswählen und dann auf das Symbol System klicken. Hier finden Sie den Geräte-Manager in der Rubrik *Hardware*.

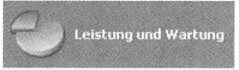

3 Im Geräte-Manager können Sie zu jeder Hardwarekomponente detaillierte Informationen erfahren, indem Sie doppelt darauf klicken oder im kontextabhängigen Menü des Eintrags die *Eigenschaften* auswählen.

4 Im Eigenschaftenmenü finden Sie im Register *Treiber* genauere Informationen zu den aktuell verwendeten Treibern, so etwa das Treiberdatum und die Treiberversion (bei Windows 9x/ME müssen Sie dazu ggf. noch zusätzlich auf *Treiber-Info* klicken). Diese Angaben können Sie mit der aktuel-

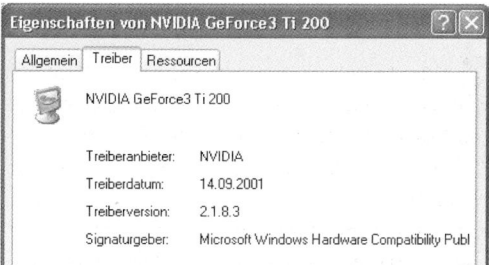

len Treiberversion vergleichen, die beispielsweise auf der Website des Komponenten-
herstellers zum Download angeboten wird.

> **Aktuellere Treiber sorgfältig prüfen**
>
> Generell sind aktuellere Treiber natürlich besser als veraltete, aber trotzdem sollten Sie
> vor einem Treiber-Update prüfen, ob dieses Ihre Erwartungen auch tatsächlich erfüllen
> kann. Informieren Sie sich also möglichst in der Dokumentation, ob dort tatsächlich die
> Behebung von Problemen mit den Stromsparfunktionen von Windows erwähnt wird.
> Noch wichtiger: Prüfen Sie sorgfältig, ob eventuell andere Probleme oder Unverträglich-
> keiten mit bestimmten Komponenten beschrieben werden. Sonst holen Sie sich wo-
> möglich nur noch größeren Ärger ins Haus. Bewahren Sie die Originaltreiber auf, damit
> Sie notfalls darauf zurückgreifen können.

Quertreiber beim Stromsparen mit PMTShoot ermitteln

Während Windows XP aufgrund seines restriktiveren Treiberkonzepts weniger Probleme
mit störrischen Stromsparmuffeln hat, leiden besonders ältere Windows-Versionen häufig darunter. Für diese hat Microsoft eine kleines Tool veröffentlicht, mit dem Sie den
Verursacher von Störungen beim Stromsparen ermitteln können. Es heißt *PMTShoot* und
findet sich nebst einer kleinen Dokumentation im Microsoft Knowledge Base-Artikel Nr.
185949 (*http://support.microsoft.com/default.aspx?scid=kb;185949*). Beachten Sie,
dass dieses Tool nur unter Windows 98 und ME läuft.

1 Wenn Sie *pmtshoot.exe* ausführen, installiert es sich automatisch und konfiguriert
Windows so, dass dieses Programm beim nächsten Start automatisch ausgeführt wird.

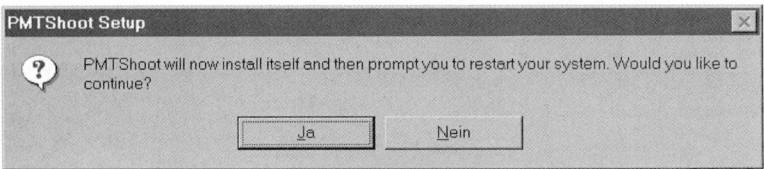

2 Anschließend muss ein
Neustart durchgeführt werden, um die Installation ab-
zuschließen.

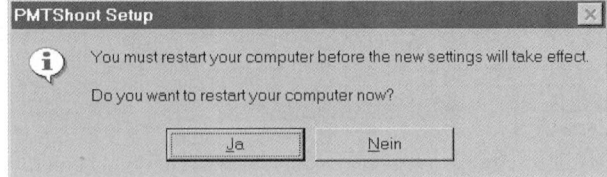

3 Bei diesem Neustart wird PMTShoot automatisch aktiviert und beginnt, die relevanten Aktivitäten des PCs aufzuzeichnen. Dazu führt es ein Protokoll, in dem alle Aktionen der Reihe nach festgehalten werden. Lassen Sie das Programm einfach im Fenstermodus oder minimiert laufen.

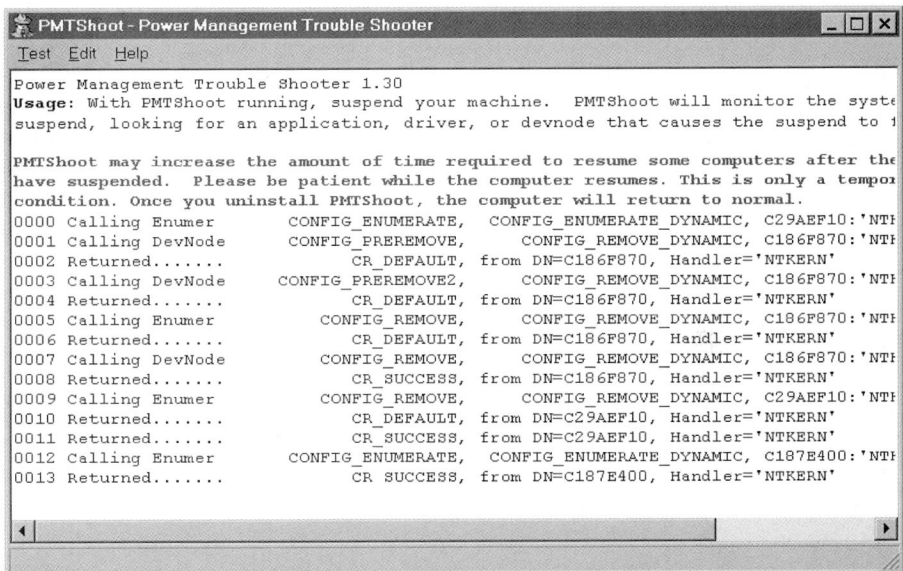

4 Als nächsten Schritt wählen Sie nun – während PMTShoot weiterläuft – *Start/Beenden* und stellen im *Windows beenden*-Dialog eine Stromsparoption wie z. B. *Standby-Modus* ein. PMTShoot wird das anschließende Herunterfahren von Windows in den Stand-by-Modus überwachen und aufzeichnen.

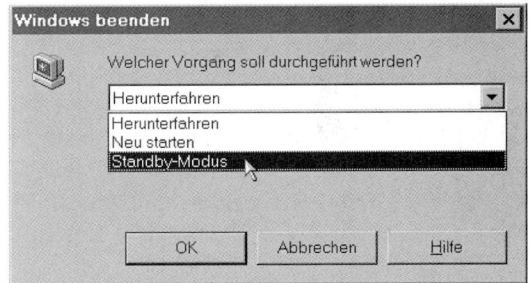

5 Sollte es beim Herunterfahren oder beim Wiederaufwachen ein Problem geben, ermittelt PMTShoot die Ursache dafür. Bestimmte typische Probleme, die z. B. auf fehlerhafte Konfigurationen zurückzuführen sind, kann PMTShoot sogar automatisch erkennen und beseitigen. Dann meldet sich das Programm jeweils mit einem Dialog, der den Fehler und die Lösung beschreibt. Wenn Sie den Dialog bestätigen, führt PMTShoot die Lösungsschritte automatisch durch.

5. Korrekturen und neue Funktionen durch BIOS-Updates

Das BIOS ist trotz seiner speziellen Funktion im PC letztlich Software wie andere auch. Somit teilt sie deren Eigenschaft, einerseits nicht immer fehlerfrei zu sein, andererseits in älteren Versionen nicht immer den aktuellsten Stand der Technik zu unterstützen. Zum Glück teilt sie auch eine andere wichtige Eigenschaft: Bei praktisch allen PCs, die in den letzten Jahren verkauft wurden, kann man das BIOS aktualisieren, also die im PC vorhandene Version durch eine neuere ersetzen, die eventuelle Unzulänglichkeiten behebt.

Wann macht ein BIOS-Update Sinn?

Zunächst sollten Sie sich darüber im Klaren sein, dass ein BIOS-Update zu den gefährlichsten Eingriffen zählt, die man an einem PC vornehmen kann. Das heißt nicht, dass es sich hier um ein unkalkulierbares Risiko handelt. Wenn man weiß, was man tut, und mit entsprechender Umsicht handelt, kann kaum etwas passieren. Sollte aber doch etwas schief laufen, kann das BIOS unter Umständen beschädigt und der PC somit unbrauchbar werden. Auch das lässt sich notfalls beheben, aber das können dann wirklich nur professssionelle Dienstleister, und dies ist nicht ganz billig.

1 Ein guter Grund sind Fehler im BIOS. Wie jede Software ist auch das BIOS nicht immer fehlerfrei. Zwar werden nicht oft schwer wiegende Fehler in BIOS-Versionen bekannt, aber häufiger treten schon mal Probleme in sehr speziellen Situationen, wie etwa bei exotischen Hardwarekombinationen oder Ähnlichem, auf. Wenn ein solcher Fehler Ihre Arbeit mit dem PC nachhaltig beeinträchtigt, sollten Sie ein BIOS-Update erwägen.

2 Ein anderer berechtigter Anlass sind neue Funktionen und Techniken, die mit der Hauptplatine technisch zwar möglich sind, in der Praxis aber von der vorhandenen BIOS-Version nicht unterstützt werden. Eine typische Situation ist das Aufrüsten eines leistungsfähigeren PCs. Wenn dieser zum Herstellungszeitpunkt der Hauptplatine noch nicht auf dem Markt war, unterstützt das BIOS den Betrieb dieses Prozessors unter Umständen gar nicht oder kann zumindest spezielle neue Funktionen des Prozessors nicht nutzen.

3 Ganz wichtig: Wenn einer der vorangehend aufgeführten Gründe vorliegt, greifen Sie nicht einfach zur neusten BIOS-Version, die für Ihren PC verfügbar ist. Informieren Sie sich zuvor, ob diese Version den vorliegenden Fehler tatsächlich behebt bzw. die benötigte Funktionalität für neue Hard- oder Software auch tatsächlich bereitstellt. Sonst können Sie sich den Aufwand und das Risiko des BIOS-Updates sparen.

BIOS und Hauptplatine identifizieren

Bevor Sie sich an ein BIOS-Update machen, müssen Sie zunächst ermitteln, welches BIOS Sie benötigen. Dabei sind nicht so sehr der BIOS-Hersteller und die BIOS-Version entscheidend, sondern die eingesetzte Hauptplatine. Für das konkrete BIOS eines PCs ist nämlich nicht der BIOS-Entwickler (z. B. Award oder AMI) zuständig. Er liefert nur die zu Grunde liegende Software an den Hersteller von PC bzw. Hauptplatine. Dieser passt die BIOS-Software dann ganz spezifisch an seine Hardware an. Dies passiert bei jedem Produkt des Herstellers neu. Sie benötigen also nicht irgendeine neue Version vom BIOS-Hersteller oder PC-Lieferanten, sondern genau die auf Ihr PC-Modell abgestimmte Variante. Dazu müssen Sie genau wissen, um welches Modell es sich dabei handelt.

BIOS-Version und Hauptplatinen-Revision

Bei der Identifizierung eines BIOS spielen verschiedene Daten eine Rolle. Hersteller und Versionsnummer des BIOS lassen sich in der Regel problemlos auf dem Startbildschirm ablesen. Diese Daten sind aber auch nicht entscheidend. Wichtiger ist der Name des Herstellers der verwendeten Hauptplatine sowie die genaue Produktbezeichnung dieser Komponente. Manche Hersteller produzieren eine Hauptplatine über einen längeren Zeitraum, wobei zwischendurch aber bei Bedarf Anpassungen und Erweiterungen am Produkt vorgenommen werden. Das wirkt sich in der Regel auch auf das BIOS aus. Deshalb gibt es für solche Komponenten meist eine zusätzliche Revisionsnummer, die erst die genaue Version der Komponente bezeichnet. Diese Daten, Hersteller der Hauptplatine, Produktbezeichnung und Revisionsnummer, benötigen Sie für die genaue Identifizierung des benötigten BIOS-Updates.

Die wichtigen Herstellerangaben aus dem BIOS auslesen

1 Die erste Anlaufstelle für diese Informationen sollten stets die Unterlagen des PCs sein. Handbuch oder Lieferschein erhalten meist genaue Angaben zu den verwendeten Komponenten. Bei kostengünstigen Komplett-PCs werden häufig keine gedruckten Dokumentationen mitgeliefert, sondern diese befinden sich in digitaler Form auf der Festplatte. Allerdings gelten sie oft-

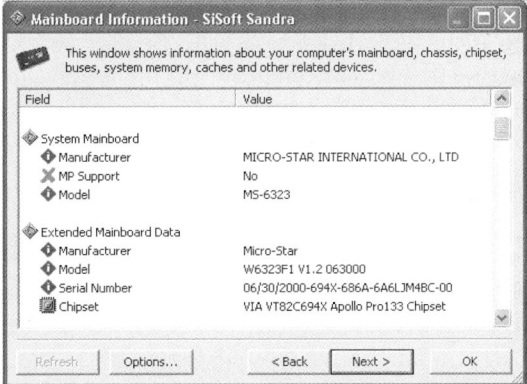

mals gleich für verschiedene Produkte, sodass Sie genau aufpassen müssen, um die zutreffenden Daten zu finden.

2 In der Regel können Sie diese Daten bei neueren PCs auch direkt aus dem BIOS auslesen. Da-

```
Award BIOS gefunden    : Award Modular BIOS v6.00PG
Award ID-String        : 06/30/2000-694X-686A-6A6LJM4BC-00
Board/BIOS-Version     : W6323F1 V1.2 063000
OEM                    : MICRO STAR
URL                    : http://www.msi-computer.de
```

zu ist allerdings spezielle Software erforderlich, wie z. B. das Systemanalysetool SiSoft Sandra (siehe auch Kapitel 3). Hier können Sie mit dem Modul *Mainboard Information* alle erforderlichen Daten auslesen. Unter *Entire System* finden Sie Angaben zum PC-Hersteller, der normalerweise auch weiterhelfen sollte. Wichtiger sind aber die Angaben bei *System Mainboard* und *Extended Mainboard Data*. *Manufacturer* gibt den Hersteller an, *Model* bezeichnet die Modellvariante und *Serial Number* die Seriennummer dieser speziellen Hauptplatine. Diese Angaben sollten ausreichen, um beim Hersteller ein passendes BIOS-Update zu beziehen.

3 Wenn kein Windows vorhanden ist oder es sich womöglich aufgrund von BIOS-Problemen nicht

```
06/30/2001-694X-686A-6A6LJM4BC-00
```

mehr starten lässt, kann Ihnen auch eine Startdiskette weiterhelfen. Dann empfiehlt sich der Einsatz des DOS-Programms CTBIOS, das Sie unter *http://www.ct.heise.de/ct/ftp/* kostenlos herunterladen können. Es läuft von jeder DOS-Bootdiskette und verrät die genaue Board-/BIOS-Version, den Hersteller (OEM) und dessen URL, soweit diese Angaben im BIOS gespeichert sind.

4 Wenn alle Stricke reißen, hilft oft der Startbildschirm des BIOS weiter. Hier werden einige zwar kryptische, dafür aber zuverlässige Zahlenkolonnen zur genauen Identifizierung des verwendeten BIOS ausgegeben. Die Versionsnummer des Boards finden Sie meist ziemlich weit oben, während die ID der BIOS-Version am unteren Bildschirmrand ausgegeben wird. Sie kann hilfreich sein, wenn alle anderen Versuche scheitern.

5 Wenn die Software nicht willig ist, hilft vielleicht die Hardware weiter. Notfalls müssen Sie den PC aufschrauben und die eingebaute Hauptplatine persönlich in Augenschein nehmen. Hier ist eigentlich immer eine Hersteller- und Modellangabe vorhanden. Entweder ist sie direkt in die Platine eingeätzt, oder es findet sich ein Aufkleber mit diesen Angaben.

Die Hauptplatine mit Onlinehilfe identifizieren

Sollten alle vorangehend beschriebenen Schritte nicht funktionieren, sieht es schlecht aus mit der Identifizierung von Hersteller und Produktversion. In solchen Fällen hilft unter Umständen das Internet weiter. Unter *http://www.motherboards.org* finden Sie eine umfangreiche Website zum Thema Motherboards. Sie bietet neben zahlreichen Informationen zu Herstellern und Produkten unter anderem eine Datenbank der Hauptplatinen. Diese können Sie durchsuchen, wenn Sie wesentliche Eckdaten Ihrer Hauptplatine kennen.

1 Klicken Sie auf der Startseite auf das *Mobo Tools*-Menü und wählen Sie hier *MOBOT*.

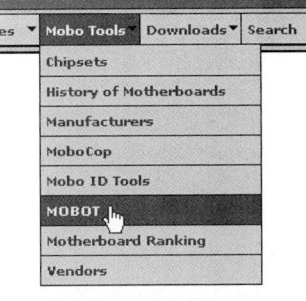

2 Damit öffnen Sie das Eingabeformular für die Suchfunktion. Hier können Sie die verschiedenen Eigenschaften Ihrer Hauptplatine angeben. Manche der Daten wie etwa *Processor Type* lassen sich meist direkt beantworten. Für andere sind nähere Kenntnisse der Materie erforderlich. Die Spalten unten rechts (*Audio*, *IDE* usw.) beziehen sich auf die Frage, ob diese Komponenten onboard auf der Hauptplatine vohanden sind (was sich meist aus den BIOS-Menüs ableiten lässt). Beantworten Sie einfach alle Angaben, die Sie kennen, und lassen Sie die anderen mit *–Any–* aus. Je mehr Angaben Sie machen können, desto präziser wird allerdings das Ergebnis.

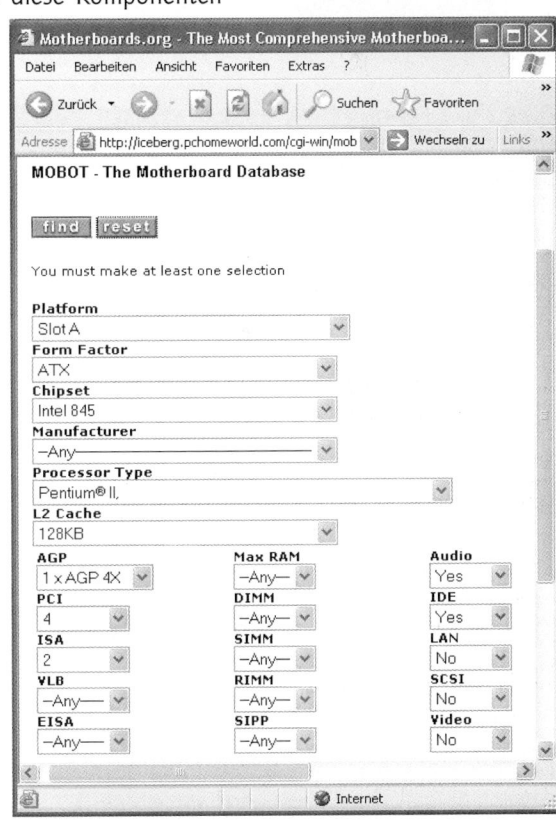

3 Wenn das Suchformular so weit ausgefüllt ist, klicken Sie auf die *find*-Schaltfläche. MOBOT präsentiert Ihnen daraufhin die Seite mit den Suchergebnissen. Sie enthält alle Hauptplatinen, die das vorgegebene Profil erfüllen. Dazu erhalten Sie zu jedem Hersteller einen Verweis auf dessen Webseiten, auf denen Sie ggf. weitere Informationen finden.

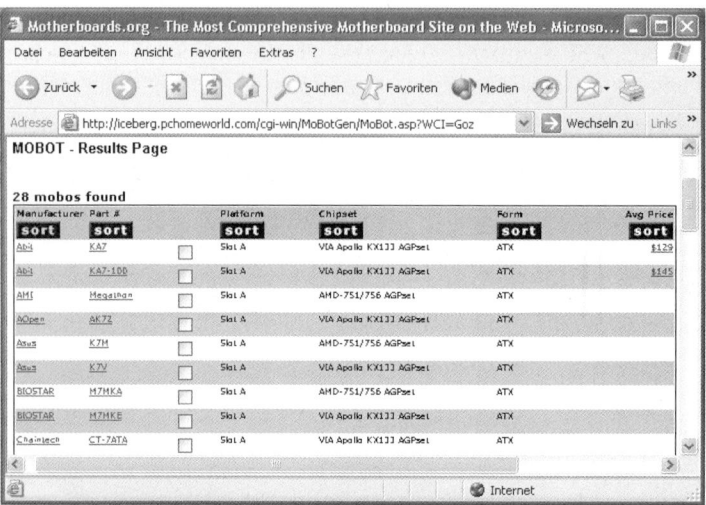

BIOS-Updates aus dem Netz laden

Wenn der Hersteller und die genaue Produktbezeichnung bzw. Revisionsnummer bekannt sind, können Sie an die Beschaffung des Updates gehen.

BIOS-Updates offline beschaffen

Wer kein Freund des Internets ist, kann sich BIOS-Updates auch anderweitig beschaffen. Fast alle Hersteller von Komplett-PCs bzw. Hauptplatinen bieten ihre Updates auch auf Diskette per Postversand an. Allerdings müssen Sie dafür meist eine Aufwandsentschädigung und die Versandkosten begleichen. Die schnellste Variante ist der Postweg auch nicht gerade, insbesondere weil nicht wenige Hersteller in Taiwan und anderen asiatischen Ländern ansässig sind, was den Versand ohne deutsche Niederlassung langwierig und teuer machen kann. Im Zweifelsfall kommt man durch einem Besuch bei einem Bekannten mit Internetzugang oder in einem Internetcafé schneller und billiger an das Update.

BIOS-Download beim Hersteller von Hauptplatine/PC

Da der Download der BIOS-Updates über die individuellen Webseiten der Hersteller erfolgt, ist der genaue Ablauf bei jedem Anbieter etwas anders. Wir zeigen die Vorgehensweise im Folgenden am Beispiel der Firma MicroStar International (MSI), deren preisgünstige Hauptplatinen in vielen Komplettsystemen zu finden sind. Bei anderen Herstellern läuft der Prozess ganz ähnlich ab.

1 Direkt auf der Startseite des Angebots finden Sie in der Regel ein Auswahlfeld mit den Produkten. Hier sollten Sie die genaue Produktbezeichnung Ihrer Hauptplatine auswählen. Achten Sie dabei auch auf Details, wenn bei einem Produkt unterschiedliche Varianten zur Auswahl stehen.

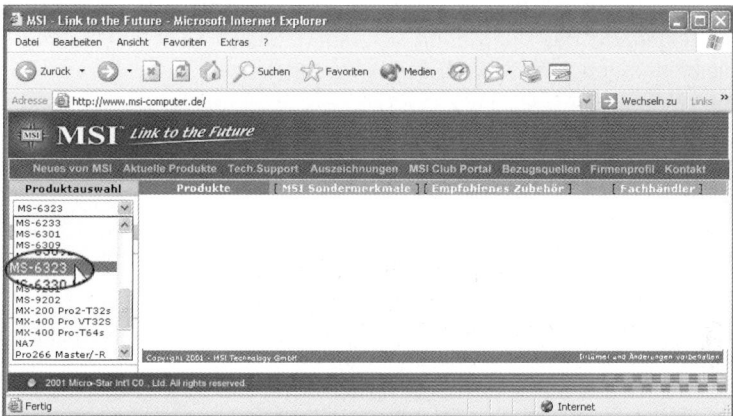

2 Das führt Sie direkt zu den Seiten dieses spezifischen Produkts. Hier finden Sie in der Regel ausführliche Informationen zu der Hauptplatine. Auch sollten Sie anhand der Daten und eventueller Abbildungen noch einmal prüfen, ob Sie wirklich das richtige Produkt ausgewählt haben.

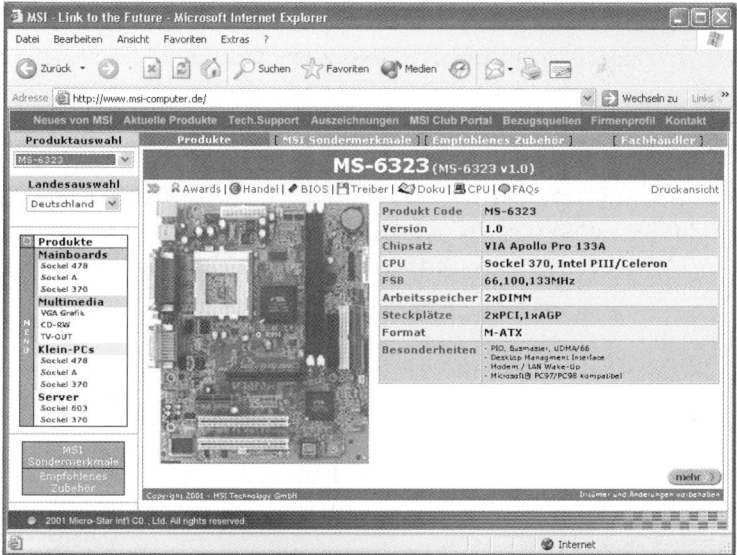

5. Korrekturen und neue Funktionen durch BIOS-Updates

3 Sind Sie sicher, die richtige Hauptplatine ausgewählt zu haben, rufen Sie die Informationen über deren BIOS ab. Hier finden Sie in der Regel die Angaben zu der BIOS-Version, die der Hersteller als aktuelles Update anbietet. Sollten schon mehrere Updates entwickelt worden sein, sind eventuell auch ältere Versionen erhältlich. Wenn Sie schon ein Update machen, sollten Sie aber stets die neuste Version verwenden. Informieren Sie sich über die Änderungen, die das Update mit sich bringt. Stellen Sie sicher, dass Ihre spezifischen Probleme dadurch auch wirklich gelöst werden können.

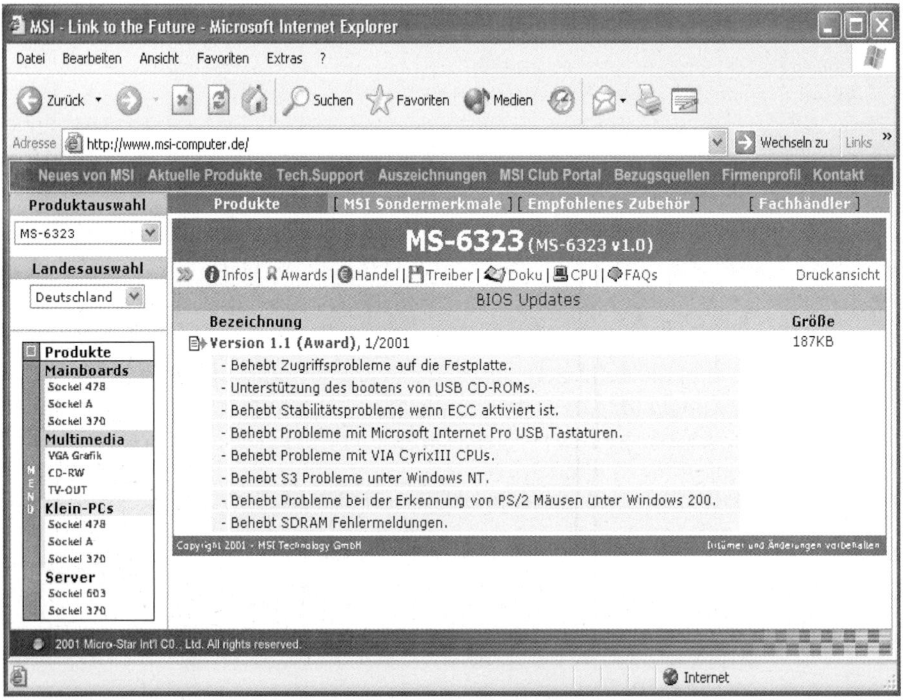

![MSI - Link to the Future - Microsoft Internet Explorer browser window showing MS-6323 BIOS Updates page]

Version 1.1 (Award), 1/2001 — 187KB
- Behebt Zugriffsprobleme auf die Festplatte.
- Unterstützung des bootens von USB CD-ROMs.
- Behebt Stabilitätsprobleme wenn ECC aktiviert ist.
- Behebt Probleme mit Microsoft Internet Pro USB Tastaturen.
- Behebt Probleme mit VIA CyrixIII CPUs.
- Behebt S3 Probleme unter Windows NT.
- Behebt Probleme bei der Erkennung von PS/2 Mäusen unter Windows 200.
- Behebt SDRAM Fehlermeldungen.

4 Wenn das BIOS-Update geeignet erscheint, laden Sie es einfach herunter. In der Regel handelt es sich dabei um ein ZIP-Archiv, das alle benötigten Dateien und Informationen enthält. Wie Sie mit dieser Datei weiter verfahren, zeigen wir Ihnen im nachfolgenden Abschnitt dieses Kapitels.

Onlinehilfen zum Finden von BIOS-Updates

Wenn Sie den Hersteller und seine Webadresse aus dem BIOS oder im Internet nicht ermitteln konnten, helfen eventuell die BIOS-Anbieter wie Award oder AMI weiter.

Sie bieten auf ihren Webseiten Tools an, mit denen sich die BIOS-ID auslesen lässt. Daraus kann der BIOS-Hersteller den Anbieter ermitteln, der dieses BIOS verbaut hat.

1 Bei einem AMI-BIOS können Sie unter *http://www.ami.com* das Tool AMIMBID herunterladen. Dabei handelt es sich um ein kleines Programm für die Kommandozeile, das die entsprechenden Informationen aus einem AMI-BIOS ausliest. Die Informationen werden auf dem Bildschirm ausgegeben und gleichzeitig in die Datei *results.txt* im gleichen Verzeichnis geschrieben. Diese Datei können Sie ggf. an den Support von AMI schicken, um Näheres zu erfahren.

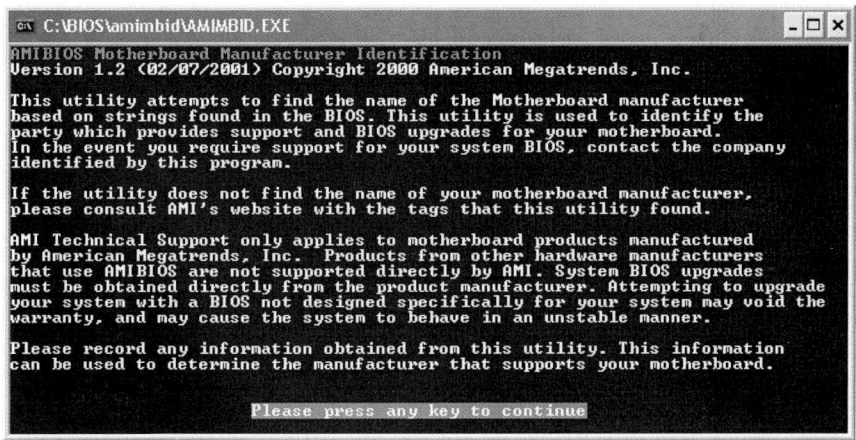

2 Für PCs mit Award-BIOS können Sie unter *http://www.unicore.com/bios-upgrades/upgradenow.cfm* den BIOS Agent herunterladen. Dabei handelt es sich um ein ähnliches Tool, das allerdings unter Windows arbeitet.

3 Starten Sie dieses Programm nach dem Download und klicken Sie auf die *Get BIOS Info*-Schaltfläche links.

Get BIOS Info

4 Das Programm ermittelt daraufhin alle spezifischen ID-Daten eines PCs mit Award-BIOS und gibt diese aus. Besonders wichtig ist dabei die Angabe *OEM Signon*, die eine ID-Nummer des Hauptplatinenherstellers enthält.

5 Mit einem Klick auf *Upgrade Now* öffnen Sie ein Onlineformular, in dem die wesentlichen BIOS-Daten bereits eingetragen sind. Sie müssen nur noch Name, Telefonnummer und E-Mail-Adresse ergänzen und können dann ausführliche-

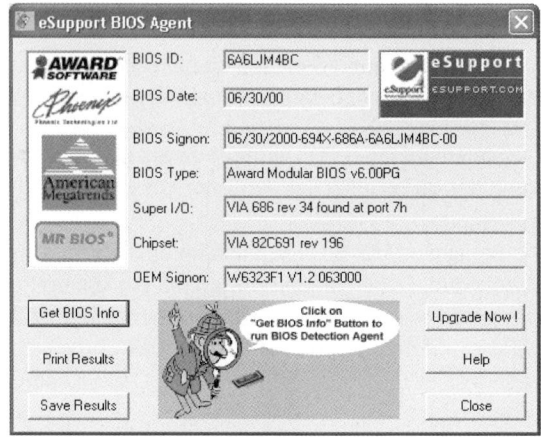

re Informationen zu dieser Hautplatine bzw. über deren Hersteller anfordern.

Das Update gründlich vorbereiten

Wenn Sie das passende BIOS-Update gefunden und heruntergeladen haben, können Sie sich an die Vorbereitung des Update-Vorgangs machen. Dazu sollten insbesondere eine Reihe von Sicherungsmaßnahmen gehören, damit eventuelle Probleme beim Update nicht zu dauerhaften Datenverlusten führen. Außerdem muss für das eigentliche Update in der Regel eine spezielle Diskette präpariert werden.

Speichern aller wichtigen Parameter

Vor einem BIOS-Update sollten Sie unbedingt die aktuellen Einstellungen im BIOS-Setup dokumentieren. Im ersten Kapitel haben wir Ihnen dazu verschiedene Methoden vorgestellt. So müssen Sie nicht unbedingt alles abschreiben, sondern können z. B. auch einen angeschlossenen Drucker bemühen oder alle Menüs mit einer Digitalkamera abfotografieren. Dieser Schritt ist deshalb erforderlich, weil beim Update alle Einstellungen auf die Standardwerte zurückgesetzt werden.

Beachten Sie insbesondere die Festplattenparameter (siehe Kapitel 2), falls Sie diese manuell eingestellt und nicht durch die automatische Erkennung ermittelt haben. Ansonsten können Sie anschließend nicht mehr auf die Festplatten und die darauf gespeicherten Anwendungen und Dokumente zugreifen!

Vorsichtsmaßnahmen für PC und Daten

Vor dem Anwenden des BIOS-Updates sollten Sie eine Reihe von Vorsichtsmaßnahmen ergreifen. Diese dienen dazu, die Risiken während des Update-Vorgangs zu minimieren bzw. Vorkehrungen für den Fall zu treffen, dass doch etwas schief geht und das System anschließend nicht wieder ohne weiteres in Betrieb genommen werden kann.

1 Die erste und wichtigste Regel lautet, vor dem BIOS-Update ein Backup aller Festplatteninhalte zu machen. Bedenken Sie, dass Ihr PC durch ein Problem während des Update-Vorgangs zumindest für eine gewisse Weile außer Gefecht gesetzt werden könnte (falls der BIOS-Speicherbaustein ersetzt werden muss). Ansonsten sind aber theoretisch auch dauerhafte Beschädigungen der auf den Festplatten gespeicherten Daten möglich, wenn auch nicht sehr wahrscheinlich. Dass die Sicherungsdateien nicht auf den Festplatten selbst, sondern auf einem externen Medium (Sicherungsband, CD-ROM o. Ä.) gespeichert werden müssen, versteht sich deshalb wohl von selbst.

2 Setzen Sie Ihre BIOS-Einstellungen (nachdem Sie sie dokumentiert haben) auf die Standardwerte zurück (siehe Kapitel 1). Insbesondere wenn Sie an Systemtakt, Multiplikatoren und sonstigen Leistungsparametern gedreht haben, sollten Sie diese jetzt wieder zurücksetzen. Während des Update-Vorgangs muss ein Absturz des Rechners wegen Hitzeproblemen oder Ähnlichem um jeden Preis vermieden werden.

3 Kontrollieren Sie den PC vor dem BIOS-Upgrade noch einmal routinemäßig auf Viren. Achten Sie insbesondere auf Bootsektorviren und prüfen Sie auch die Disketten, die Sie beim Upgrade verwenden wollen, gründlich. Zwar kann während des Upgrades keine Infektion stattfinden, aber wenn beim Booten der Diskette ein Virus in den Arbeitsspeicher gelangt, kann der den Ablauf des Vorgangs stören und das Upgrade scheitern lassen.

4 Entfernen Sie vor dem Upgrade-Vorgang alle unnötigen Erweiterungsgeräte wie Drucker, Scanner usw. Insbesondere Kommunikationsverbindungen wie Netzwerkanschluss und Modem- oder ISDN-Kabel sollten ebenfalls vorsichtshalber getrennt werden.

Die Bootdiskette für das Update erstellen

Das Upgrade sollte auf einem möglichst „nackten" PC durchgeführt werden. Zwar bieten einige Hersteller Windows-Software für das BIOS-Update an. Da Windows aber nicht eben zu den stabilsten Betriebssystemen gehört, ist davon abzuraten. Ein plötzlicher Windows-Absturz während der Neuprogrammierung des BIOS hätte fatale Folgen für den PC. Am besten starten Sie den PC direkt von einer bootfähigen Diskette, die Sie zuvor mit den notwendigen Daten versehen haben.

5. Korrekturen und neue Funktionen durch BIOS-Updates

1 Um eine bootfähige Diskette zu erstellen, legen Sie eine leere Diskette in das Laufwerk ein und öffnen unter Windows den Arbeitsplatz Ihres PCs.

Arbeitsplatz

2 Klicken Sie hier mit der rechten Maustaste auf das Diskettensymbol von Laufwerk A: und wählen Sie im kontextabhängigen Menü den Befehl *Formatieren*.

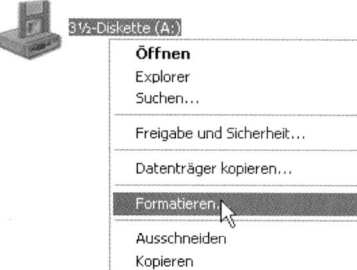

3 Aktivieren Sie im anschließenden Menü die Option *MS-DOS-Startdiskette erstellen*. Falls die Option *Komprimierung aktivieren* anwählbar ist, darf diese keinesfalls eingeschaltet sein. Klicken Sie dann auf *Starten*, um die Formatierung durchzuführen.

4 Bestätigen Sie die anschließende Sicherheitsabfrage, die darauf hinweist, dass beim Formatieren sämtliche auf der Diskette vorhandenen Daten gelöscht werden, mit *OK*.

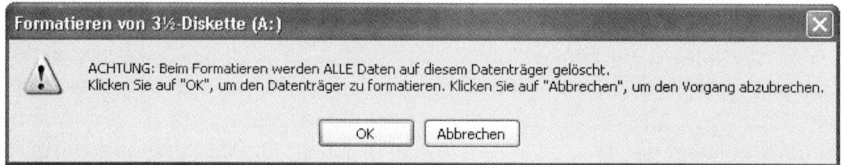

5 Nun brauchen Sie lediglich etwas Geduld, da das Formatieren einer Diskette bis zu einer Minute dauern kann. Hat alles geklappt, erhalten Sie abschließend die Meldung *Formatieren abgeschlossen*. Sie können das Formatierenmenü dann schließen.

Wenn die Diskette erstellt ist, kopieren Sie alle Dateien aus dem BIOS-Upgrade-Paket auf diesen Datenträger. Sollte das Upgrade-Paket mit einer eigenen *Autoexec.bat*-Datei ausgestattet sein, ersetzen Sie die auf der Diskette eventuell vorhandene Datei mit dieser. Dann startet das Upgrade-Programm beim Starten des PCs vollautomatisch.

Das Update des BIOS durchführen

Wenn alle Sicherheitsvorkehrungen getroffen sind und die Upgrade-Diskette vorbereitet ist, können Sie mit dem eigentlichen Upgrade-Vorgang beginnen. Eine ganz wichtige Bemerkung gleich vorneweg: Während des eigentlichen Upgrade-Vorgangs, also nachdem das Upgrade-Programm gestartet wurde, dürfen Sie das Programm auf keinen Fall abbrechen oder den PC ausschalten bzw. neu starten. Dies darf erst geschehen, wenn das Upgrade definitiv erfolgreich war. Andernfalls hinterlassen Sie Ihren Rechner möglicherweise in einem unbenutzbaren Zustand, aus dem er nicht mehr gestartet werden kann!

Den Schreibschutz des BIOS deaktivieren

Da ein BIOS-Update mit gewissen Gefahren verbunden ist, ist das BIOS vor versehentlichem Überschreiben geschützt. Dieser Schreibschutz muss zunächst entfernt werden, bevor Sie mit dem Update beginnnen können. Das Entfernen kann je nach Hauptplatine auf verschiedene Arten erfolgen. Beachten Sie dazu auch die Anweisungen zum Update-Programm.

1 Bei manchen BIOS-Versionen kann dies per | `BIOS Update`   `Enabled` |
Software geschehen. In diesem Fall finden Sie
im Untermenü *Advanced BIOS Features* (auch *Advanced CMOS Setup* oder *BIOS Features Setup*) eine Option namens *Enable Flash* oder *BIOS Update*, die Sie mit *Enabled* aktivieren müssen.

2 Bei vielen älteren Hauptplatinen geht es leider nicht ganz so komfortabel. Hier müssen Sie den BIOS-Schreibschutz physikalisch entfernen, indem Sie einen Jumper oder einen DIP-Schalter auf der Platine umstecken. Lesen Sie in diesem Fall unbedingt im Handbuch Ihres PCs nach, welche Schritte dazu genau notwendig sind.

3 Bei modernen Hauptplatinen übernimmt inzwischen in der Regel das Update-Programm selbst die Entfernung des Schreibschutzes. Besondere Einstellungen im BIOS oder das Umlegen von Jumpern auf dem Board sind in diesem Fall nicht notwendig.

Das Update durchführen

Ist der Schreibschutz des BIOS entfernt, brauchen Sie nur die vorbereitete Diskette einzulegen und den Rechner neu zu starten. Der genaue Ablauf des Update-Vorgangs hängt von der verwendeten BIOS-Version ab. Wir zeigen im Folgenden das Update-Programm für das Award-BIOS. Generell sind die Programme so gehalten, dass sie den Benutzer mit deutlichen Hinweisen und Anweisungen durch den gesamten Prozess führen.

5. Korrekturen und neue Funktionen durch BIOS-Updates

1 Wenn das Update-Programm eine eigene *Autoexec.bat*-Datei besitzt, wird es beim Start des PCs automatisch aktiviert und mit den notwendigen Parametern gestartet. Andernfalls starten Sie es mit *.exe* manuell. Geben Sie dabei als Parameter den Namen der Update-Datei an.

Sicherheitskopie des alten BIOS anlegen

Nicht alle Update-Programme bieten von sich aus an, eine Sicherheitskopie der alten BIOS-Version anzulegen. Dies ist aber sinnvoll, damit Sie bei Problemen mit dem neuen BIOS notfalls auf die alte Version zurückgehen können. Wenn das Upgrade-Programm das BIOS ohne vorherige Sicherung überschreiben will, sollten Sie es abbrechen und die Sicherung manuell erstellen. Beim Upgrade-Programm für Award-BIOS erreichen Sie dies z. B., indem Sie das Programm mit der Option */sy* aufrufen. Ignorieren Sie dann die Abfrage nach der Datei mit dem neuen BIOS und geben Sie anschließend einen Namen für die Sicherungsdatei des alten BIOS ein. Das Programm erstellt dann eine Sicherung unter diesem Namen, die Sie aufbewahren und später ggf. wieder einspielen können.

---

2 Nach dem Start sehen Sie, dass das Feld *File Name to Program* bereits ausge-

`File Name to Program : w6326vms.110`

füllt ist. Falls nicht, tragen Sie hier den Namen der Update-Datei ein und drücken (Enter).

3 Das Update-Programm beginnt nun, das vorhandene BIOS durch das neue aus der Update-Datei zu ersetzen. Dieser Vorgang dauert nur wenige Sekunden. Währenddessen lassen Sie den PC unbedingt in Ruhe arbeiten.

4 Anschließend sehen Sie unten im Message-Bereich die Meldung

`Message: Power Off oder Reset the system`

Power Off oder Reset the system. Das heißt, dass das Update erfolgreich war und Sie den PC nun neu starten können.

Unterbrechungen während des Update-Vorgangs

Betrachten Sie den Update-Vorgang nur dann als erfolgreich beendet, wenn Sie ausdrücklich eine entsprechende Meldung vom Update-Programm erhalten. Starten Sie den PC also auch nur neu, wenn Sie explizit dazu aufgefordert werden. Im nachfolgenden Abschnitt finden Sie einige Tipps zu Fehlern, die während des Update-Vorgangs auftreten können. Sollte das Update-Programm kommentarlos abbrechen und die Installation des neuen BIOS verweigern, versuchen Sie unbedingt, die Sicherung des alten BIOS wieder zu installieren. Starten Sie den PC nur dann neu, wenn Sie irgendeine Version des BIOS erfolgreich installieren konnten.

Den Erfolg des Updates prüfen und die Einstellungen wiederherstellen

Ob das Update erfolgreich war, können Sie schnell feststellen: Wenn der PC sich beim Neustart wie gewohnt verhält, dürfte alles problemlos geklappt haben. Überprüfen Sie im Startbildschirm anhand der Versionsnummer, ob nun tatsächlich eine neuere BIOS-Version installiert ist. Jetzt gibt es noch einige Maßnahmen zu treffen:

1 Wenn das Update erfolgreich war, sollten Sie aus Sicherheitsgründen den Schreibschutz für den BIOS-Speicher wieder aktivieren, sofern er vor dem Update-Vorgang ausdrücklich ausgeschaltet werden musste. Dazu kehren Sie die zuvor erledigten Schritte um, d. h., Sie stellen im BIOS die Option *BIOS Update* wieder auf *Disabled* oder stecken den entsprechenden Jumper oder DIP-Schalter auf der Hauptplatine wieder um. Wurde die Deaktivierung des Schreibschutzes vom Update-Programm durchgeführt, reicht es dagegen in der Regel aus, den Rechner für ein paar Sekunden vom Stromnetz zu trennen, also richtig aus- und dann wieder einzuschalten.

2 Starten Sie den Rechner neu und wechseln Sie `Press DEL to enter SETUP` während des Startvorgangs mit [Entf] ins BIOS-Setup.

3 Setzen Sie hier die Einstellungen auf die Standardwerte `Load Optimized Defaults` zurück. Dies ist wichtig, da eine neue BIOS-Version teilweise mit den gespeicherten Daten der alten Version nichts anfangen kann. Deshalb ist es sicherer, mit den Standardwerten der neuen Version neu zu beginnen.

4 Anschließend sollten Sie zumindest die Festplattenparameter eintragen oder automatisch erkennen lassen (siehe Kapitel 2).

5 Früher oder später sollten Sie auch die anderen BIOS-Optionen, die Sie zuvor dokumentiert hatten, wieder wie gehabt einstellen.

Wenn beim Update etwas schief läuft ...

Normalerweise sollte der Update-Vorgang problemlos laufen und innerhalb weniger Sekunden beendet sein. Wenn doch etwas schief geht oder wenn Sie anschließend Probleme beim Neustart haben sollten, finden Sie in dieser etwas ausführlicheren Troubleshooting-Sektion verschiedene Tipps und Problemlösungen.

Probleme während des Updates beheben

Während des Updates kann das Update-Programm sich mit verschiedenen Fehlermeldungen beschweren:

1 Meldet das Programm *Insufficient Memory*, fehlt ihm ausreichend Arbeitsspeicher. Dies kann eigentlich nur passieren, wenn Sie den PC zuvor nicht von einer reinen Startdiskette gebootet haben und deshalb das Windows-Betriebssystem oder zumindest ein Speicher-Manager im Hintergrund aktiv ist. Starten Sie den PC wirklich mit einer einfachen MS-DOS-Startdiskette ohne irgendwelche Treiber (außer vielleicht dem deutschen Tastaturtreiber).

2 Die Fehlermeldung *The program file's part number does not match with your system* weist darauf hin, dass Sie eventuell nicht die richtige BIOS-Version für das Update benutzen. Das kann passieren, wenn Sie sich das Update vom Hauptplatinenhersteller besorgt haben, der PC aber ein Komplettsystem von einem anderen Hersteller ist. In den meisten Fällen können Sie dieses Update trotzdem verwenden, besser ist es aber, Sie schauen in solchen Fällen noch mal beim PC-Hersteller nach. Bei Award-Update-Programmen können Sie diese Fehlermeldung mit der Option /PY unterdrücken und das Update trotzdem installieren.

3 Bei *Unknown Type Flash* kann das Update-Programm die Art des BIOS-Speichers nicht erkennen. Die häufigste Ursache dafür ist, dass der Schreibschutz für den BIOS-Speicher zuvor nicht entfernt wurde. Holen Sie dies nach und starten Sie das BIOS-Update erneut. Wenn es nicht daran liegt, kann auch ein Defekt am BIOS-Speicher vorliegen. In diesem Fall hilft nur eine fachmännische Reparatur weiter.

Wenn der PC nach dem Update nicht mehr starten will

Wenn der PC nach einem erfolgten oder warum auch immer gescheiterten Update gar nicht mehr starten will, haben Sie leider ein ernstes Problem. Wenn der PC gar nicht erst hochfährt, können Sie leider keine Software einsetzen, die das BIOS reparieren kann. Lösungen sind in diesem Fall nur per Hardwareeingriff möglich. Prüfen Sie, welche der Möglichkeiten für Sie in Frage kommt.

1 Manche der höherwertigen Hauptplatinen verfügen über ein Dual-BIOS. Sie haben also zwei BIOS-Speicher an Bord, von denen jeweils einer genutzt und der andere in Reserve gehalten wird. Sollte das erste BIOS – warum auch immer – nicht funktionieren, kommt das Ersatz-BIOS zum Einsatz. Solche Dual-BIOS haben nebenbei den Vorteil, dass man zwei verschiedene BIOS-Versionen parallel verwenden kann, wenn man z. B. eine neues Update erst mal nur ausprobieren will. Ob Ihre Hauptplatine über ein Dual-BIOS

verfügt, erfahren Sie in den technischen Unterlagen. Oft ist auch der nachträgliche Einbau
eines Dual-BIOS möglich, was sich aber nur für echte PC-Schrauber lohnt.

`BIOS Update                    Disabled`

2 Manche Hauptplatinen bieten eine Funktion zur BIOS-Rettung an. Legt man einen bestimmten Jumper oder DIP-Schalter um, wird beim nächsten Einschalten der BIOS-Speicher in den Auslieferungszustand versetzt. So kann man ein gescheitertes BIOS-Update doch noch retten. Sollte ein Defekt am Speicherbaustein zu Grunde liegen, hilft das allerdings auch nicht weiter. Auch hierzu sollten Sie im Handbuch Ihres PCs nachlesen, ob er dies unterstützt.

3 Wenn alles nicht hilft, bleibt nur ein professioneller Eingriff in den PC übrig. PC-Werkstätten haben die Möglichkeit, den BIOS-Baustein auszubauen und extern mit den richtigen Daten zu versehen. Das kostet zwar Zeit und Geld, bleibt aber leider die letzte Lösung.

Info

Reparaturen am BIOS-Speicherbaustein

Sollte der Update-Vorgang nicht geglückt und anschließend keine lauffähige BIOS-Version vorhanden sein, müssen Sie den BIOS-Baustein ausbauen und mit einem speziellen Gerät neu beschreiben lassen. Einige Anbieter im Internet haben sich auf solche Reparaturen spezialisiert. Dorthin können Sie den Baustein nebst gewünschter BIOS-Version schicken und bekommen ihn ordnungsgemäß beschrieben zurück. Unter *http://www.bios-repair.de* und *http://www.flashbios.org* finden Sie ausführlichere Informationen zu Kosten und Vorgehensweise.

6. Alle BIOS-Optionen mit Zusatztools ausnutzen

Mit dem BIOS-Setup bringt jeder PC die notwendige Software zum Konfigurieren des BIOS mit. Allerdings gibt es verschiedene Lücken, die sich nur mit speziellen Zusatztools füllen lassen. So stellen z. B. nicht alle BIOS-Setups auch tatsächlich Optionen für alle Funktionen zur Verfügung, die das jeweilige BIOS unterstützt.

Da jeder PC-Hersteller das BIOS-Setup in gewissen Grenzen selbst gestalten kann, fallen des Öfteren seltener genutzte Funktionen unter den Tisch, die in bestimmten Situationen aber durchaus nützlich und wichtig sein können. Auch Analysetools, die das Innenleben von PC und BIOS durchleuchten und wichtige Informationen liefern, können sich als sehr hilfreich erweisen.

Gründliche PC-Diagnose mit dem PC Analyser

Für manche ist die PC-Hardware ein Buch mit sieben Siegeln. Was genau in dem grauen Kasten steckt, weiß man nicht und will es am besten auch gar nicht wissen. Manchmal ist dieses Wissen aber unumgänglich, z. B. wenn man neue Hardware benötigt und wissen muss, was für Komponenten eingebaut werden können.

Oder aber man will eine neue Software kaufen und muss wissen, ob der PC deren Hardwareanforderungen erfüllt. Bei solchen Gelegenheiten benötigen Sie entweder eine sehr detaillierte Dokumentation Ihres PCs oder müssen selbst nachschauen. Ein gutes Analyseprogramm erspart hier den Griff zum Schraubenzieher, denn praktisch alle Daten lassen sich auch per Software ermitteln. Das deutschsprachige Sharewareprogramm PC Analyser gehört zu den leistungsfähigsten Programmen dieser Art: Sie finden es unter *http://www.pcanalyser.de/download*.

Windows oder DOS?

PC Analyser ist wie viele BIOS-Tools ein reines DOS-Programm, dass unter Windows höchstens eingeschränkt läuft. Dies liegt daran, weil Windows-Betriebssysteme die Hardwaredaten verstecken und verfälschen können. Deshalb sollten Sie das Tool am besten stets unter DOS (ggf. mit Startdiskette) starten. Die BIOS-Funktionen laufen aber notfalls auch unter Windows.

1 Wenn Sie PC Analyser unter Windows starten, bemerkt das Programm dies und gibt einen entsprechenden Hinweis aus. Diesen können Sie ernst nehmen und mit (Esc) abbrechen oder aber das Programm mit (Enter) unter Windows fortsetzen.

2 Anschließend gelangen Sie ins Hauptmenü von PC Analyser. Von hier haben Sie Zugang zu allen Informationen und Funktionen des Programms. Um sich einen ersten Eindruck vom Innenleben Ihres PCs zu verschaffen, bietet sich der *Systemüberblick* an.

3 Dieser verrät Ihnen auf einen Blick die wichtigsten Daten zur Ausstattung Ihres PCs, wie etwa Prozessortyp, Hardware-Cache, BIOS-Version, Grafikkarte und Monitor oder angeschlossene Festplatten und CD-ROM-Laufwerke. Da-

mit lassen sich schon einige Fragen beantworten. Mit den anderen Punkten des Hauptmenüs lassen sich alle diese Informationen allerdings noch viel genauer und detaillierter abrufen.

Reports mit dem PC Analyser erstellen

Eine sehr praktische Funktion von PC Analyser ist das Erstellen eines Reports. Das ist eine genaue Aufstellung aller Daten, die das Programm zu Ihrem PC ermitteln kann. Ein solcher Report kann entweder in einer Datei gespeichert oder direkt auf einem angeschlossenen Drucker (nur am Parallelport) ausgegeben werden. So können Sie die Daten Ihres PCs zu einem Fachhändler oder PC-Experten mitnehmen, um sich beraten zu lassen.

6. Alle BIOS-Optionen mit Zusatztools ausnutzen

1 Um einen solchen Report anzulegen, wählen Sie im Haupt-menü von PC Analyser die Funktion *Report erstellen*.

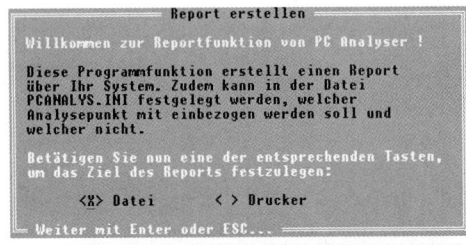

2 Dann müssen Sie zunächst auswäh-len, ob der Report in einer *Datei* gespei-chert oder auf dem *Drucker* ausgegeben werden soll.

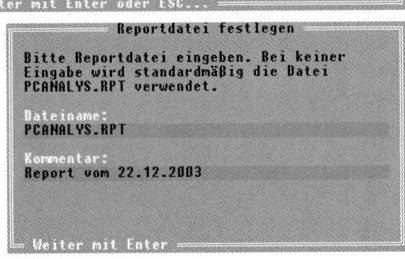

3 Haben Sie sich für den Export in eine Datei entschieden, geben Sie im nächsten Schritt den Dateinamen an. Zusätzlich können Sie einen Kommentar in den Report einfügen, wenn Sie z. B. regelmäßig Reports erstellen wollen. Soll-ten Sie den Report ausdrucken, wählen Sie an dieser Stelle den Parallelport, an dem der ge-wünschte Drucker angeschlossen ist. Stellen Sie sicher, dass der Drucker eingeschaltet ist, bevor Sie fortfahren.

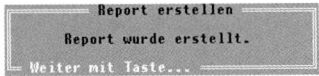

4 Wenn Sie dann Enter drücken, wird der Report erstellt. Dazu durchläuft das Pro-gramm der Reihe nach fast alle Informati-ons- und Testmodule und speichert deren Ausgaben in der Datei bzw. gibt sie auf dem Drucker aus.

5 Anschließend finden Sie den Report in der angege-benen Datei bzw. als Ausdruck im Drucker wieder.

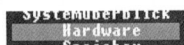

Mit PC Analyser das BIOS erforschen

PC Analyser stellt auch für das BIOS einige spezielle Funktionen bereit, die vor allem umfassende Erkundungen dieser Komponente zulassen, die weit über das normale BIOS-Setup hinausgehen.

1 Um ausführlichere Informationen zu Ihrem BIOS zu erhalten, wäh-len Sie im Hauptmenü von PC Analyser zunächst den Punkt *Hard-ware*, da das BIOS technisch zur Hardware des PCs gezählt wird.

2 Damit öffnen Sie das *Hardware*-Menü, das den Zugang zu den Informationen über alle Hardwarekomponenten des PCs ermöglicht. Hier finden Sie den Eintrag *BIOS*. Dieser öffnet wiederum das *BIOS*-Untermenü mit allen Funktionen zu diesem Thema.

3 Unter *BIOS-Info* können Sie detaillierte Informationen über das eingesetzte BIOS-System erhalten. Hier finden Sie Hersteller, Version und Datum, was für BIOS-Updates wertvolle Informationen sein können. Aber auch über bestimmte Features wie 32-Bit-Fähigkeit und Plug & Play-Unterstützung gibt diese Funktion Auskunft.

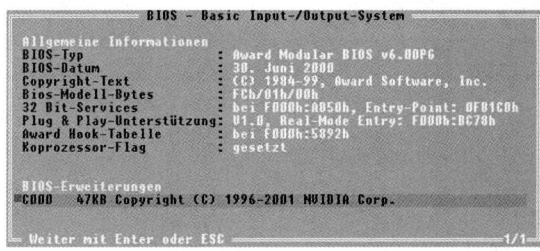

4 Im BIOS jedes PCs sind einige spezielle *BIOS-Modellbytes* vorgesehen. Diese kann der Hersteller dafür verwenden, das Computermodell zu identifizieren und bestimmte Konfigurationsdaten zu speichern. Diese Angaben sind in erster Linie für Profis von Interesse, aber auch einem Laien können sie Hinweise auf Funktionen und Features geben, die das BIOS unterstützt, die im BIOS-Setup aber nicht behandelt werden.

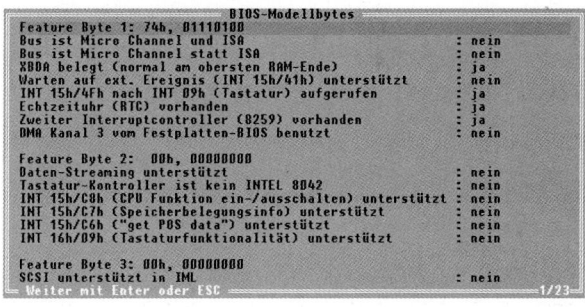

5 Die *BIOS-Variablen* befinden sich in einem Speicherbereich, der beim Initialisieren des BIOS angelegt wird. Sie enthalten die Konfigurationsdaten des BIOS. Auch hier gilt: Die genaue Bedeutung der verschiedenen Angaben erschließt sich nur einem Profi. Aber auch der Laie kann auf Fehlersuche gehen, wenn es Probleme mit einer bestimmten Komponente gibt. So kann man hier z. B. schnell erkennen, ob bestimmte Funktionen vom BIOS deaktiviert werden.

6 Der Menüpunkt *BIOS-ID* ist hingegen besonders hilfreich, wenn es um das Aufspüren eines BIOS-Updates geht. Hier finden sich detailliert alle Angaben, die das Programm zur verwendeten BIOS-Version und zum Hersteller des PCs machen kann. Wenn dieser seinen Namen und seine Homepage hinterlegt hat, zeigt PC Analyse sogar diese Informationen an. Zusammen mit *BIOS-Typ* und *BIOS-ID* sollten diese Angaben reichen, um ein eventuelles BIOS-Update zu finden. Eventuell kann auch die BIOS-Revision nützlich sein, um das erforderliche Update zu identifizieren.

Die BIOS-Funktionen mit dem BIOS Wizard durchleuchten

Vielen Technologien und Funktionen, die im Lauf der Zeit für PCs entwickelt wurden, werden zunehmend direkt in die Hauptplatinen integriert. Das spart Geld und die Notwendigkeit, den PC durch Zusatzkarten aufzurüsten.

Allerdings ist es umso wichtiger zu wissen, welche Funktionen die Hauptplatine nun genau zur Verfügung stellt, sei es, um einen neuen PC auf Herz und Nieren zu prüfen, sei es, um festzustellen, wofür man ein älteres Modell genau einsetzen kann, oder sei es, um etwa nach einem BIOS-Update nach neuen Funktionen zu suchen.

Alles dies ist mit dem Tool BIOS Wizard möglich, dem großen Bruder des in Kapitel 5 vorgestellten BIOS Agent. Sie finden es unter *http://www.esupport.com/biosiz*. Laden Sie hier die Datei *bwz.exe* herunter.

1 Starten Sie nach dem Download die Datei *bwz.exe*, bei der es sich um ein ausführbares Archiv handelt. Es wird dann automatisch in ein temporäres Verzeichnis entpackt.

2 Nach dem vollständigen Entpacken wird das Programm automatisch gestartet und präsentiert sich mit seinem Hauptfenster. Dieses verfügt über eine ganze Reihe von Feldern und Einträgen, die zunächst aber größtenteils leer sind.

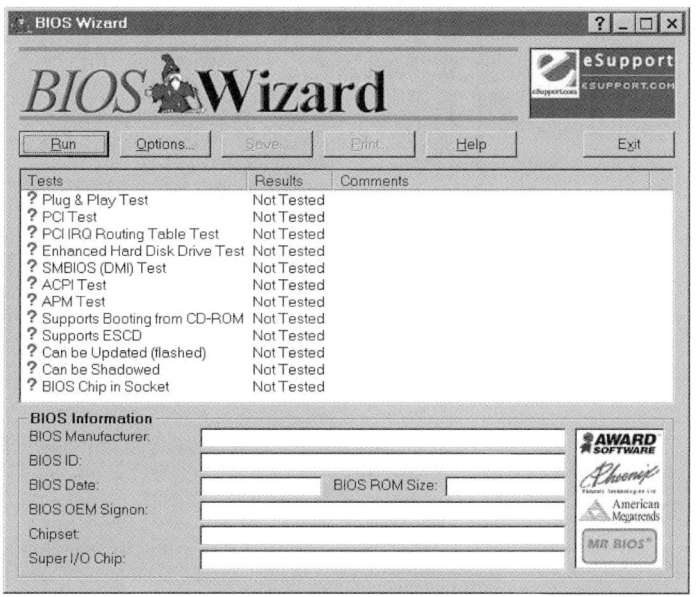

3 Klicken Sie dann zunächst auf die Schaltfläche *Options*, um das Einstellungsmenü zu öffnen.

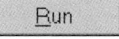

4 Hier finden Sie einen Übersicht der vorhandenen Testmodule und können festlegen, welche davon verwendet werden sollen. Im Regelfall sollten Sie hier nur sicherstellen, dass auch wirklich alle Tests durchgeführt werden. Wollen Sie nur eine bestimmte Komponente testen, können Sie das Programm darauf beschränken und so Zeit sparen. Sollte es während eines Tests zum Absturz des PCs kommen, können Sie außerdem diesen Test gezielt deaktivieren und so die anderen trotzdem durchführen.

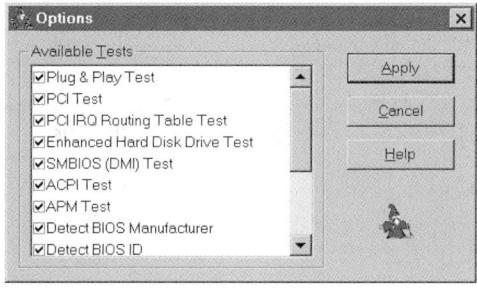

5 Anschließend können Sie daran gehen, die Tests und die Identifizierung des BIOS durchzuführen. Klicken Sie dazu auf die Schaltfläche *Run*.

6 Der BIOS Wizard durchläuft nun die in den Einstellungen aktivierten Tests der Reihe nach. Dabei füllen sich nach und nach die leeren Felder mit Informationen. Die Testergebnisse finden sich in der mittleren *Results*-Spalte. Grüne Einträge sind positiv und bedeuten, dass ein Test bestanden wurde (*Passed*) bzw. eine Funktionalität vorhanden ist (*Yes*). Rote Einträge (*No*) heißen, dass die getestete Funktionalität nicht vorhanden ist. Der graue Hinweis *See Comments* verweist auf die *Comments*-Spalte ganz rechts. Hier finden Sie ausführlichere Hinweise, z. B. darüber, dass ein BIOS nur eine veraltete Version einer Technologie unterstützt.

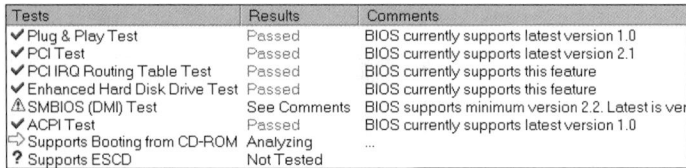

Tests	Results	Comments
✔ Plug & Play Test	Passed	BIOS currently supports latest version 1.0
✔ PCI Test	Passed	BIOS currently supports latest version 2.1
✔ PCI IRQ Routing Table Test	Passed	BIOS currently supports this feature
✔ Enhanced Hard Disk Drive Test	Passed	BIOS currently supports this feature
⚠ SMBIOS (DMI) Test	See Comments	BIOS supports minimum version 2.2. Latest is ver
✔ ACPI Test	Passed	BIOS currently supports latest version 1.0
⇨ Supports Booting from CD-ROM	Analyzing	...
? Supports ESCD	Not Tested	

7 Ganz unten finden Sie wiederum ausführliche Informationen zur Identifizierung der BIOS-Version. Dieser Teil des BIOS Wizard ist in etwa mit der Funktionalität des in Kapitel 5 vorgestellten BIOS Agent identisch.

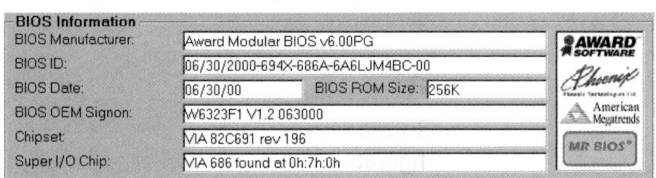

BIOS Information	
BIOS Manufacturer:	Award Modular BIOS v6.00PG
BIOS ID:	06/30/2000-694X-686A-6A6LJM4BC-00
BIOS Date:	06/30/00 BIOS ROM Size: 256K
BIOS OEM Signon:	W6323F1 V1.2 063000
Chipset:	VIA 82C691 rev 196
Super I/O Chip:	VIA 686 found at 0h:7h:0h

Die Ergebnisse des BIOS Wizard speichern

Ähnlich wie der PC Analyser bietet auch der BIOS Wizard die Möglichkeit, die einmal ermittelten Ergebnisse dauerhaft zu speichern. So kann man sie z. B. einem hilfreichen Experten aus dem Bekanntenkreis übermitteln oder aber selbst für spätere Vergleichszwecke aufbewahren. Mit der *Save*-Schaltfläche können Sie die Testergebnisse in einer Textdatei speichern. Wählen Sie dazu im nachfolgenden Dialog einfach nur Verzeichnis und Dateiname. Wollen Sie es lieber schwarz auf weiß, geht es mit der Schaltfläche *Print* zum bekannten Druckdialog der Windows-Anwendungen.

Award-BIOS mit Easy Award TuneUp optimieren

In diesem Buch verwenden wir in den meisten Fällen das BIOS-eigene Setup-Programm, um die Einstellungen des BIOS zu bearbeiten. Dass dies nicht immer notwendig ist, zeigt das Programm Easy Award TuneUp. Es erlaubt, die wichtigsten Einstellungen bei BIOS-Versionen von Award ganz komfortabel in der Windows-Umgebung vorzunehmen. So lässt sich z. B. schnell mal die Bootreihenfolge verändern, ohne gleich einen zusätzlichen

Neustart für den Zugang zum BIOS-Setup vornehmen zu müssen. Ganz nebenbei bietet dieses Tool noch die komfortable Möglichkeit, BIOS-Einstellungen unter Windows zu sichern und bei Bedarf jederzeit wiederherzustellen. Eine kostenlose 30-Tage-Testversion finden Sie unter *http://www.cadkas.com*. Leider funktioniert sie ausschließlich mit BIOS-Versionen der Firma Award.

1 Easy Award TuneUp kommt als selbstentpackendes Archiv. Starten Sie die Datei *award!.exe* und geben Sie dann das Verzeichnis an, in dem Sie das Programm entpacken möchten.

2 Anschließend finden Sie in diesem Verzeichnis die Dateien nebst dem Hauptprogramm *award.exe*

award.exe

(ohne Ausrufezeichen) vor, mit dem Sie das eigentlichen Programm starten.

Die BIOS-Konfiguration als Datei sichern

Da Änderungen am BIOS immer mit gewissen Risiken verbunden sind, bietet Easy Award TuneUp die Möglichkeit, die bestehende Konfiguration des BIOS in einer Datei zu sichern. Mithilfe dieser Datei kann das Programm zu jedem späteren Zeitpunkt den einmal gespeicherten Status wiederherstellen und so ungünstige oder versehentliche Änderungen rückgängig machen. Diese Sicherung bezieht sich wohlgemerkt auf die Konfiguration der BIOS-Einstellungen, nicht auf das BIOS selbst. Sie können damit also nicht nach einem BIOS-Update die Vorgängerversion wiederherstellen. Nach einem Update sind außerdem die erstellten Sicherungen unter Umständen nicht mehr zu gebrauchen, sodass Sie also anschließend gleich eine neue Sicherungsdatei anlegen sollten.

1 Um eine Sicherung zu erstellen, wählen Sie im Startfenster des Programms unten links im Bereich *Einstellungen sichern* die Schaltfläche *Speichern*.

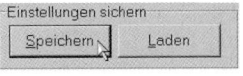

2 Wählen Sie im anschließenden *CMOS Sicherung anlegen*-Dialog ein Verzeichnis und einen Dateinamen für die Sicherungsdatei.

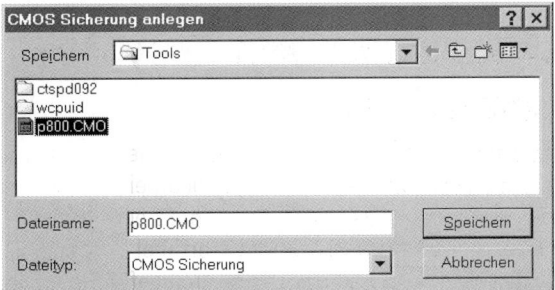

3 Easy Award TuneUp liest dann alle Einstellungen aus der aktuellen BIOS-Konfiguration aus und schreibt sie in die Datei.

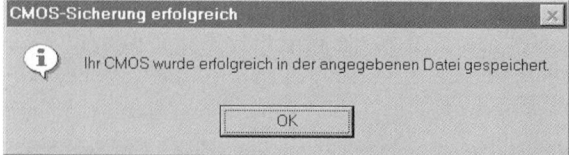

BIOS-Sicherungen wiederherstellen

1 Um eine zuvor erstellte Sicherungskopie wieder einzuspielen, wählen Sie im Startfenster von Easy Award TuneUp im Bereich *Einstellungen sichern* die Schaltfläche *Laden*.

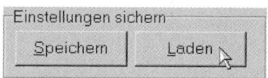

2 Bestätigen Sie dann den Sicherheitshinweis zum Überschreiben der bestehenden Einstellungen mit *Ja*.

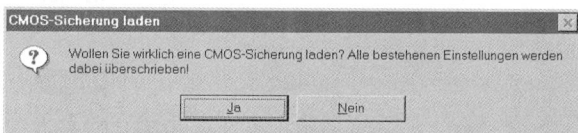

3 Wählen Sie im *CMOS Sicherung laden*-Dialog die Datei aus, die die gewünschte BIOS-Sicherung enthält. Bestätigen Sie das Laden mit einem Klick auf *Öffnen*.

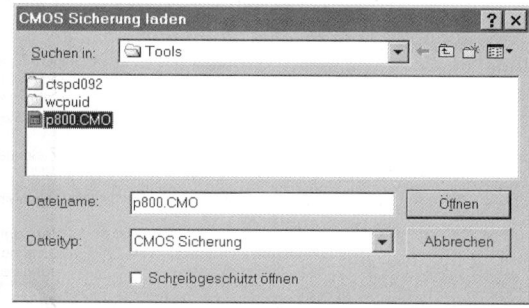

4 Easy Award TuneUp liest dann die Konfigurationsdaten aus der Sicherungsdatei ein und stellt sie so wieder her. Der Erfolg des Vorgangs wird mit einem Hinweisfenster bestätigt.

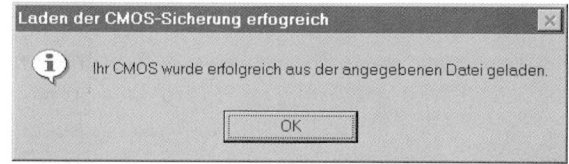

BIOS-Sicherung unter DOS wiederherstellen

Möglicherweise lässt sich Windows nach einer versehentlichen Änderung im BIOS nicht mehr starten. In diese Fall können Sie eine erstellte BIOS-Sicherung auch unter DOS wiederherstellen. Schreiben Sie dazu die Sicherungsdatei gemeinsam mit dem Tool *loadcm.exe*, das sich nach der Installation im gleichen Verzeichnis wie *award.exe* befindet, auf die Diskette. Diese Diskette sollte möglichst bootfähig bzw. eine Windows-

Notfalldiskette sein. Dann können Sie den PC bei Bedarf per Diskette starten und mit *loadcm <Name der Sicherungsdatei>* die Sicherungsdatei wiederherstellen.

BIOS-Eigenschaften unter Windows bearbeiten

Neben der Möglichkeit zum Sichern und Wiederherstellen bietet Easy Award TuneUp aber insbesondere den komfortablen Zugang zu den wichtigsten BIOS-Einstellungen. Haben Sie erst mal vorsichtshalber eine Sicherung erstellt, können Sie sich damit dem Tuning Ihres BIOS widmen.

1 Um in die BIOS-Einstellungen zu gelangen, wählen Sie im Startfenster im Bereich *Programm starten* die Schaltfläche *OK*.

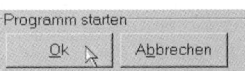

2 Daraufhin startet das eigentliche Konfigurationsprogramm. Es besteht aus einer Reihe von Registern, die sich jeweils mit bestimmten Bereichen des BIOS beschäftigen. Im Register *Computer Start* etwa können Sie einen möglichst schnellen Bootvorgang einstellen (*Schnellen POST aktivieren*) oder dafür sorgen, dass die [Num]-Taste beim Start automatisch aktiviert wird.

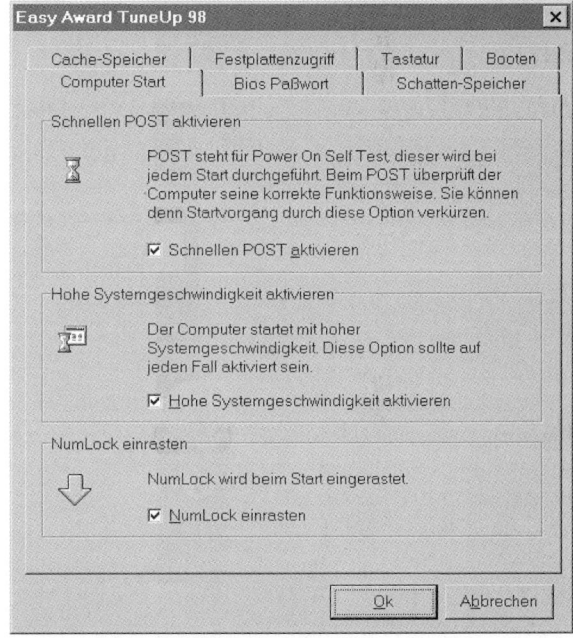

3 In den anderen Registern finden Sie die wichtigsten BIOS-Einstellungen für die Bootreihenfolge, den Zugriff auf Diskettenlaufwerke, den Cache-

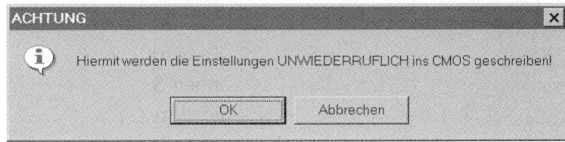

Speicher, das BIOS-Passwort oder den Festplattenzugriff.

4 Um veränderte Einstellungen dauerhaft zu übernehmen, klicken Sie abschließend unten auf die

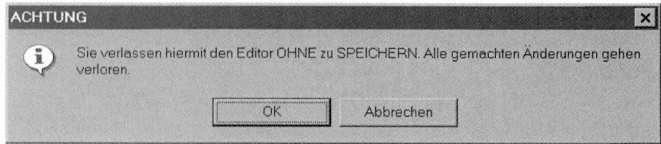

Ok-Schaltfläche. Bestätigen Sie dann die Sicherheitsrückfrage, die vor dem unwiderruflichen Überschreiben der BIOS-Einstellungen warnt, mit OK.

5 Sollten Sie vorgenommene Änderungen doch nicht übernehmen wollen oder unsicher bezüglich der Auswirkungen sein, klicken Sie stattdessen unten auf Abbrechen. Auch hier erfolgt eine Rückfrage, bevor Sie zum Startfenster des Programms zurückkehren. Hier können Sie Sicherungsdateien erstellen bzw. wieder einspielen oder das Programm mit Abbrechen endgültig verlassen.

Unzugängliche Parameter mit TweakBIOS einstellen

Während das eben besprochene Programm Easy Award TuneUp das komfortable Einstellen nur bestimmter, häufig genutzter BIOS-Parameter zulässt, ist das nun folgende Programm das genaue Gegenteil. TweakBIOS arbeitet unter DOS mit einer ähnlich spartanischen Oberfläche wie die BIOS-Setups selbst.

Dafür erlaubt es aber den Zugriff auf die detailliertesten Einstellungen der einzelnen Komponenten der Hauptplatine und geht dabei in den meisten Fällen noch viel weiter als das BIOS-Setup selbst. Mit den entsprechenden Kenntnissen – und der angemessenen Vorsicht – kann man so sehr tief in die „Innereien" des PCs eindringen, nach Leistungsbremsen suchen und Tuning-Einstellungen vornehmen. Eine kostenlose, leicht eingeschränkte Testversion des Programms finden Sie unter http://www.miro.pair.com/tweakbios.

Vorsicht beim Extrem-Tuning!

Mit TweakBIOS sind Einstellungen möglich, die sehr tief in die inneren Abläufe des PCs eingreifen. Deshalb gilt für dieses Programm noch mehr als für die üblichen BIOS-Setups, dass Änderungen an den Einstellungen zu instabilen Systemen, Abstürzen und im Extremfall zu einem nicht mehr startfähigen Programm führen können. Deshalb sollten Sie mit TweakBIOS nur solche Einstellungen vornehmen, über deren Auswirkungen Sie sich absolut im Klaren sind. Leider fehlt in der kostenlosen Testversion die Möglichkeit, Sicherungsdateien zu erstellen und bei Bedarf wieder einzuspielen.

1 Um TweakBIOS zu benutzen, laden Sie die Testversion herunter und entpacken das ZIP-Archiv in ein Verzeichnis Ihrer Wahl.

2 Darin finden Sie anschließend eine größere Anzahl Dateien vor. Davon ist die Datei *Tweaks.exe* die entscheidende, die das TweakBIOS-Programm enthält. Sie sollte am besten direkt unter DOS ausgeführt werden, da es unter Windows häufig zu Abstürzen des Programms kommt.

Tweaks.exe

Auswahl der zu konfigurierenden Komponente

TweakBIOS präsentiert die BIOS-Einstellungen nicht wie das BIOS-Setup als eine große Sammlung von Parametern, sondern trennt sie nach den Hardwarekomponenten, auf die sie sich jeweils auswirken. Dies erfordert eine gewissen Umstellung, hat aber den Vorteil, dass TweakBIOS auch Hardwarekomponenten berücksichtigt, die nicht zur Hauptplatine gehören, aber ein eigenes BIOS mitbringen. Dies gilt z. B. für SCSI-Controller oder RAID-Adapter, teilweise aber auch für Netzwerk- und sonstige Erweiterungskarten. Wenn TweakBIOS über ein Modul für die entsprechende Komponente verfügt, kann es deren BIOS-Parameter ebenfalls auslesen und bearbeiten.

1 Unmittelbar nach dem Start präsentiert TweakBIOS deshalb die verschiedenen Hardwarekomponenten, die es im System erkannt hat. Dazu gehören in der Regel die verschiedenen Bridges und Controller der Hauptplatine, aber z. B. auch eingebaute Netzwerkadapter und Grafikkarten. Alle Komponenten ohne Kommentar kann TweakBIOS bearbeiten. Ist ein Eintrag hingegen mit der Bemerkung (*Not supported*) versehen, ist der Zugriff nicht möglich.

```
                    TweakBIOS Freeware Version 1.53

    Devices Found:

       PCI: Intel 440BX CPU-to-PCI Bridge
       PCI: Intel 440BX PCI-to-PCI/AGP Bridge
       PCI: Intel PIIX4 PCI-to-ISA Bridge
       PCI: Intel PIIX4 IDE Controller
       PCI: Intel PIIX4 USB Controller
       PCI: Intel Power Management            (Not supported)
       PCI: Realtek Semiconductor  Ethernet Controller(Not supported)
       PCI: Brooktree Corp.  Video Adapter    (Not supported)
       PCI: Brooktree Corp.  Multimedia Adapter  (Not supported)
       AGP: Matrox  VGA Display Adapter       (Not supported)



                    Available Memory: 245024 bytes

                                            Esc: Quit
         Select a device to configure / view     ↑ ↓: Select Device
                                            F1: About...
```

2 Sie müssen nun auswählen, welche der Komponenten Sie bearbeiten wollen. Dazu gehen Sie am besten die angebotenen Einträge durch und orientieren sich erst mal.

Einige der aufgeführten Parameter kennen Sie vermutlich aus dem BIOS-Setup wieder. Aber es werden bestimmt auch viele dabei sein, die Ihnen zunächst nichts sagen.

BIOS-Parameter mit TweakBIOS bearbeiten

Wenn Sie eine der Hardwarekomponenten zum Bearbeiten ausgewählt haben, führt TweakBIOS dann die Parameter auf, die für diese Komponente eingestellt werden können. Auf den ersten Blick erinnert das sehr an die herkömmlichen BIOS-Setups. Allerdings bietet TweakBIOS einige nützliche Zusatzfunktionen, die das Experimentieren mit den Einstellungen einfacher und übersichtlicher machen.

1 Um einen Parameter zu bearbeiten, verwenden Sie wie im BIOS-Setup die Pfeiltasten, um ihn auszuwählen. Der jeweils ausgewählte Eintrag wird rot unterlegt.

2 Mit (Bild↑) und (Bild↓) können Sie den Wert für den jeweiligen Eintrag verändern. Auch dies ist genau wie im BIOS-Setup.

3 Außerdem erhalten Sie bei TweakBIOS zum gerade gewählten Eintrag (zumindest in den meisten Fällen) im Feld rechts einen kurzen Tipp bezüglich der zu wählenden Einstellung. Dieser gilt allerdings nur sehr allgemein. Dass der Hinweis *Enabled is better* auch für Ihren PC und dessen Stabilität gilt, wird leider nicht garantiert.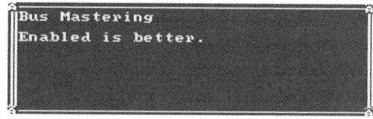

4 Mit der Taste (F4) können Sie jederzeit eine Bildschirmkopie erstellen. Diese soll der Dokumentation des Ursprungszustands im Vergleich zu den vorgenommenen Veränderungen dienen. Die Kopie können Sie entweder als Textdatei in ein beliebiges Verzeichnis speichern oder in die Windows-Zwischenablage übertragen und von dort z. B. in ein Textprogramm übernehmen.

5 Wie im BIOS-Setup hat ein Ändern der Parameter zunächst keine unmittelbare Auswirkung. Erst wenn Sie die neue Konfiguration dauerhaft übernehmen, werden die eigentlichen Werte im BIOS geändert. Dies geschieht mit (F10). Vorsicht: Eine Sicherheitsabfrage erfolgt nur unter Windows. Unter DOS werden die Änderungen nach Drücken der Taste unmittelbar umgesetzt. (F10) bezieht sich dabei immer auf sämtliche Parameter der gerade gewählten Hardwarekomponente.

Den Änderungsstatus von einzelnen Parametern verfolgen

Eine der besonderen Stärken von Tweak-
BIOS im Vergleich zu herkömmlichen BIOS-

Setup-Programmen liegt in den verschiedenartigen Möglichkeiten, Veränderungen an den Einstellungen zu erfassen und zu überwachen, bevor die Daten endgültig in die BIOS-Konfiguration geschrieben werden. Das macht Einstellungsänderungen wesentlich übersichtlicher. Ein Schlüssel zu dieser Übersicht sind die farbigen Sternchen (*), mit denen jeder Eintrag versehen ist. Dieser beschreibt den Status jeden einzelnen Eintrags:

* Ein grünes Sternchen bedeutet, dass dieser Eintrag seit dem Start des Programms unverändert ist, Sie also an diesem Parameter bislang keine Einstellungen vorgenommen haben. Dieser Parameter bleibt also unbeeinträchtigt, egal ob Sie die Änderungen speichern oder das Programm einfach nur verlassen.

* Ein rotes Sternchen heißt, dass der Wert für diesen Parameter von Ihnen verändert wurde, die Änderung aber noch nicht im BIOS gespeichert ist. Wenn Sie das Programm ohne Anwenden der Änderungen verlassen, würde diese Änderung also wirkungslos bleiben. Wenn Sie hingegen die Änderungen mit (F10) bestätigen, würde sich das rote in ein weißes Sternchen verwandeln.

* Ein weißes Sternchen bedeutet, dass dieser Parameter verändert und diese Änderung auch bereits im BIOS gespeichert wurde, Sie also nach der Änderung dieser Einstellung mindestens einmal (F10) gedrückt haben. Allerdings gibt es immer noch die Möglichkeit, diese Änderung rückgängig zu machen (siehe weiter unten).

* Ein gelbes Sternchen kennzeichnet Parameter, die sich im Ursprungszustand wie beim Start von TweakBIOS befinden, aber nicht mehr mit den tatsächlichen BIOS-Daten übereinstimmen. Diese Situation tritt dann ein, wenn Sie einen Wert ändern, diese Änderung mit (F10) im BIOS speichern, den Parameter dann aber auf den Ausgangswert zurücksetzen, ohne erneut zu speichern. Das gelbe Sternchen erfüllt also die gleiche Bedeutung wie das rote, nur eben in Bezug auf zurückgesetzte Werte.

Die Änderungen an einzelnen Parametern rückgängig machen

Die oben beschriebene farbige Statuskennzeichnung machen insbesondere dann Sinn, wenn man von den Rückgängig-Funktionen von TweakBIOS regen Gebrauch macht. Das Programm kennt nicht nur ein einfache Rückgängig-Funktion, sondern gleich zwei verschiedene, die je nach Situation sehr hilfreich sein können.

6. Alle BIOS-Optionen mit Zusatztools ausnutzen

1 Zunächst merkt sich TweakBIOS grundsätzlich die Einstellungen sämtlicher Parameter zu dem Zeitpunkt, da das Programm gestartet wird. Bis Sie das Programm endgültig schließen, können Sie also noch jede einzelne Änderung zurücknehmen. Dies geschieht mit F5 und ist bei allen Einträgen möglich (und sinnvoll), die mit einem roten oder weißen Sternchen markiert sind. Die Rücknahme beschränkt sich dabei stets auf den gerade ausgewählten Parameter.

2 Die zweite Möglichkeit ist das Zurücksetzen eines Parameters auf den tatsächlich im Hardware-BIOS eingestellten Wert. Wenn die in TweakBIOS gewählte Einstellung davon abweicht, können Sie so einen Abgleich vornehmen. Dies kann bei roten und gelben Sternchen sinnvoll sein und wird mit F6 ausgeführt. Auch diese Rücknahme gilt jeweils nur für den aktuell markierten Parameter.

In der kostenpflichtigen Vollversion gibt es darüber hinaus noch die Möglichkeit, die gesamten Einstellungen in einer Datei zu speichern und diese bei Bedarf daraus wiederherzustellen.

7. Fehlermeldungen und Beepcodes

Solange alles rund läuft, bekommt man vom BIOS nicht viel zu sehen. Während des Starts taucht es nur wenige Sekunden am Bildschirm auf, und wenn man nicht schnell ist, hat man den richtigen Zeitpunkt zum Drücken der (Entf)-Taste schon verpasst. Wenn aber etwas schief läuft, macht sich das BIOS durchaus nachhaltiger bemerkbar. Tritt ein schwer wiegender Fehler auf, der einen ordnungsgemäßen Start des PCs verhindert, meldet sich das BIOS – je nach Möglichkeit – entweder mit einer Klartext-Fehlermeldung oder mit schwarzem Bildschirm und Piepstönen aus dem eingebauten Lautsprecher.

Fehlermeldungen beim PC-Start verstehen

Wenn das BIOS so weit starten kann, dass eine Bildschirmausgabe möglich ist, gibt es bei Problemen eine Fehlermeldung aus. Diese Fehlermeldung gibt in der Regel einen Hinweis auf die Komponente oder Funktion, die den Fehler verursacht. Manche Fehlermeldungen weisen auf leicht behebbare Probleme hin, manche sind aber auch Symptome für schwer wiegende Defekte. Die folgende Tabelle führt die häufigsten Fehlermeldungen auf und gibt ggf. Tipps zur Behebung. Beachten Sie, dass der exakte Wortlaut der Meldungen bei den verschiedenen BIOS-Typen abweichen kann.

Fehlermeldung	Bedeutung/Abhilfe
Bad Cache Memory	Cache-Speicher fehlerhaft; Cache-Speicher bzw. (bei internem Cache) Prozessor ersetzen.
BIOS ROM Checksum Error-System halted	Die Prüfsumme des BIOS-Codes stimmt nicht. Dieser Fehler kann nach einem missglückten BIOS-Update auftreten. Andernfalls ist der BIOS–Chip defekt.
CMOS Battery State low oder CMOS Battery failed	Die Pufferbatterie der Hauptplatine ist schwach oder leer und muss ausgetauscht werden.
CMOS Checksum Failure oder CMOS Checksum Error	Die Prüfsumme der BIOS-Daten stimmt nicht. In der Regel lädt das BIOS dann automatisch die Standardeinstellungen. Ursachen können elektrostatische Aufladung, schwache Pufferbatterie oder ein defekter CMOS-Baustein sein.
CMOS Display Type Mismatch	Der im BIOS angegebene Videotyp und der im System festgestellte stimmen nicht überein. Kann z. B. nach einem Wechsel der Grafikkarte auftreten. Nach einem weiteren Hardware-Reset wird die richtige Karte meist erkannt, sonst ggf. von Hand ändern.
CMOS Memory Size Mismatch	Der vorhandene physikalische Speicher stimmt nicht mit dem im BIOS eingestellten Wert überein. Kann z. B. nach Speichererweite-

7. Fehlermeldungen und Beepcodes

Fehlermeldung	Bedeutung/Abhilfe
	rungen oder -austausch auftreten. Nach einem weiteren Hardware-Reset wird der Speicher meist richtig erkannt, sonst ggf. von Hand ändern.
CMOS System Options not set	Die im BIOS gespeicherten Konfigurationsdaten sind nicht auswertbar oder gar nicht vorhanden. Kann beim ersten Start einer neuen Hauptplatine auftreten. Weitere mögliche Ursache ist eine schwache oder defekte Batterie.
CMOS Time and Date not set	Zeit und Datum der internen Uhr sind nicht eingestellt. Kann bei einer neuen Hauptplatine auftreten, dann einfach Zeit und Datum im BIOS oder unter DOS bzw. Windows einstellen. Tritt der Fehler scheinbar unmotiviert auf, ist es wiederum ein Hinweis auf eine schwache Batterie.
Diskette Boot Failure oder Floppy Disk(s) fail	Die Diskette im ersten Laufwerk ist nicht bootfähig (oder defekt).
Diskette drives or type mismatch error	Die Angaben im BIOS und die tatsächlich vorhandenen Diskettenlaufwerke stimmen nicht überein (BIOS-Daten prüfen und korrigieren, siehe Kapitel 2).
Display switch ist set incorrectly oder Display type has changed since last boot	Der im BIOS angegebene Videotyp und der im System festgestellte stimmen nicht überein. Kann z. B. nach einem Wechsel der Grafikkarte auftreten. Nach einem weiteren Hardware-Reset wird die richtige Karte meist erkannt, sonst ggf. von Hand ändern.
DMA Error oder DMA #1 Error bzw. DMA #2 Error	Fehler im DMA-Controller der Hauptplatine, ggf. mit Hinweis auf den betroffenen Kanal. Lässt sich eventuell durch Herabsetzen des DMA-Takts beheben, sonst liegt ein Defekt der Hauptplatine vor.
Drive Error oder Drive Failure	Die Festplattendaten im BIOS sind nicht korrekt (siehe Kapitel 2), eventuell ist auch die Kabelverbindung einer Festplatte locker. Tritt der Fehler beim Einbau einer weiteren Festplatte auf, achten Sie auf die korrekten Jumper für Master/Slave. Ansonsten kann auch ein Festplattendefekt vorliegen.
FDD Controller Failure	Die Kommunikation mit dem Disketten-Controller klappt nicht. Alle Kabelverbindungen und Disketteneinstellungen (siehe Kapitel 2) prüfen. Ansonsten liegt ein Defekt des Controllers vor.
Floppy Disk Controller Ressource Conflict	Ressourcenkonflikt zwischen Disketten-Controller und einer anderen Hardwarekomponente. Prüfen Sie die Ressourcenverteilung.
HDD Controller Failure	Die Kommunikation mit dem Festplatten-Controller klappt nicht. Alle Kabelverbindungen und Festplatteneinstellungen (siehe Kapitel 2) prüfen. Ansonsten liegt ein Defekt des Controllers vor.
HARD DISK initializing. Please wait a moment	Die Festplatte(n) werden initialisiert.

Fehlermeldung	Bedeutung/Abhilfe
INTR #1 Error bzw. Intr #2 Error	Beim Selbsttest des BIOS wurde ein Problem mit dem Interrupt-Kanal 1 bzw. 2 festgestellt. Überprüfen Sie alle eingebauten Erweiterungskarten. Ansonsten liegt ein Defekt des Prozessors oder der Hauptplatine vor.
Invalid Boot Disk	Die eingelegte Startdiskette enthält keine gültigen Bootdaten.
Keyboard Error	Die angeschlossene Tastatur ist defekt, oder keine angeschlossen (Stecker prüfen). Manchmal liegt auch nur ein Gegenstand auf der Tastatur und drückt eine Taste herunter. Ansonsten kann die Ursache auch ein Defekt im Tastatur-Controller sein, was sich nur durch Austausch dieses Controllers bzw. der Hauptplatine beheben lässt.
Keyboard is Locked – Unlock it oder Keyboard is locked out – Unlock key	Die Tastatur ist physikalisch verriegelt (z. B. mit einem Schloss am Gehäuse).
KB/Interface Error	Es liegt ein Fehler am Tastaturstecker bzw. der entsprechenden Buchse am PC-Gehäuse vor (Stift verbogen?). Eventuell kann auch ein zu langes Tastaturkabel die Ursache sein.
Memory mismatch, run Setup	Der vorhandene physikalische Speicher stimmt nicht mit dem im BIOS eingestellten Wert überein. Kann z. B. nach Speichererweiterungen oder -austausch auftreten. Nach einem weiteren Hardware-Reset wird der Speicher automatisch richtig erkannt.
Memory Parity Error oder Parity Error	Der Speicher ist defekt.
No boot device available – strike F1 to retry boot oder No boot sector on hard disk – strike F1 to retry boot	Auf der Festplatte oder Diskette befinden sich keine gültigen Bootdaten. Diskette entnehmen bzw. austauschen. Bei Festplatte Anschlüsse und Formatierung überprüfen.
No time tick	Die interne Uhr der Hauptplatine ist defekt.
PCI Error Log is full	Das Fehlerprotokoll für PCI-Konflikte ist voll (tritt bei mehr als 15 Konflikten auf).
PCI I/O Port Conflict	Zwei PCI-Geräte wollen auf den gleiche I/O-Port zugreifen (siehe Kapitel 4).
PCI IRQ Conflict	Zwei PCI-Geräte wollen auf den gleiche Interrupt zugreifen (siehe Kapitel 4).
Press ESC to skip memory test	Der Speichertest beim Systemstart kann mit Esc abgebrochen werden (lassen Sie ihn aber zumindest hin und wieder durchlaufen).
Press TAB to show POST screen	Bei manchen BIOS-Versionen werden viele BIOS-Meldungen standardmäßig nicht angezeigt. Dann Tab drücken, um die volle Ausgabe zu sehen.

Fehlermeldung	Bedeutung/Abhilfe
Primary IDE Controller Resource Conflict	Ressourcenkonflikt zwischen dem primären Festplatten-Controller und einer anderen Komponente (siehe Kapitel 4).
Primary Master Hard Disk Fail	Fehler bei der Festplatte am Master-Kanal des primären Festplatten-Controllers (siehe Kapitel 4).
Primary Slave Hard Disk Fail	Fehler bei der Festplatte am Slave-Kanal des primären Festplatten-Controllers (siehe Kapitel 4).
Primary Memory Conflict	Zwei PCI-Geräte beanspruchen den gleiche primären Speicherbereich (siehe Kapitel 4).
Real time clock error	Die interne Uhr der Hauptplatine ist defekt.
Secondary IDE Controller Resource Conflict	Ressourcenkonflikt zwischen dem sekundären Festplatten-Controller und einer anderen Komponente (siehe Kapitel 4).
Secondary Master Hard Disk Fail	Fehler bei der Festplatte am Master-Kanal des sekundären Festplatten-Controllers (siehe Kapitel 4).
Secondary Slave Hard Disk Fail	Fehler bei der Festplatte am Slave-Kanal des sekundären Festplatten-Controllers (siehe Kapitel 4).
Serial Port 1 Resource Conflict bzw. Serial Port 2 Resource Conflict	Die erste bzw. zweite serielle Schnittstelle hat eine Ressource angefordert, die bereits belegt ist (siehe Kapitel 4).
Static Device Resource Conflict	Eine nicht Plug & Play-fähige ISA-Karte hat eine bereits belegte Ressource angefordert (siehe Kapitel 4).
System battery is dead oder System battery failed	Die Pufferbatterie der Hauptplatine ist schwach oder leer und muss ausgetauscht werden.
System Board Device Resource Conflict	Eine nicht Plug & Play-fähige Systemkomponente hat eine bereits belegte Ressource angefordert (siehe Kapitel 4).

Wenn der PC dreimal piepst – Beepcodes

Die vorangehend beschriebenen Fehlermeldungen haben zumindest den positiven Aspekt, dass das BIOS immerhin noch den Bildschirm ansteuern und eine entsprechende Ausgabe erzeugen kann. Es gibt aber auch sehr schwer wiegende Fehler, bei denen nicht mal mehr das gelingt. Dann bleibt der Bildschirm schwarz. Auch in diesem Fall kann sich das BIOS aber unter Umständen noch bemerkbar machen, indem es den internen Lautsprecher ansteuert und durch eine Abfolge von langen und kurzen Piepstönen (Beepcodes) zu erkennen gibt, was für eine Art von Problem vorliegt. Im Folgenden führen wir die wesentlichen Beepcodes der verschiedenen BIOS-Hersteller auf.

Beepcodes beim Award-BIOS

Beepcode	Bedeutung
1 x kurz	Alles in Ordnung, kommt jeweils am Ende eines regulären Startvorgangs.
1 x lang	Probleme mit dem Speicher; Speichermodule sitzen nicht richtig, oder die Kontakte sind verschmutzt. Nach Einbau neuer Speichermodule: Die neuen Module können vom BIOS nicht erkannt werden (unpassende Module?).
1 x lang, 2 x kurz	Problem mit der Grafikkarte, die Karte ist defekt oder sitzt nicht richtig im Slot.
1 x lang, 3 x kurz	Bis Version 1.6: EGA-Speicherfehler, ab Version 3.03: Fehler im Tastatur-Controller, ab Version 4.05: Problem mit der Grafikkarte (siehe oben).
2 x kurz	Weniger schwerer Fehler, der meist auch auf dem Bildschirm mittels einer Fehlermeldung angezeigt wird.
Dauerton	Schwer wiegendes Problem mit dem Speicher oder der Grafikkarte.

Weitere Informationen zu Fehlermeldungen und Beepcodes speziell beim Award-BIOS finden Sie unter *http://www.phoenix.com/pcuser/awardbios/*.

Beepcodes beim AMI-BIOS

Beepcode	Bedeutung
1 x kurz	Probleme mit dem Speicher; die Speichermodule sitzen nicht richtig, oder Kontakte sind verschmutzt. Nach Einbau neuer Speichermodule: Die neuen Module können vom BIOS nicht erkannt werden (unpassende Module?).
1 x lang	Alles in Ordnung, kommt jeweils am Ende eines erfolgreichen POST-Selbsttests.
Dauerton	Problem mit der Netzteil, schalten Sie das Netzteil aus (wenn vorhanden, mit dem Schalter am Netzteil) und nach einer kurzen Pause wieder an. Tritt der Fehler weiterhin auf, muss das Netzteil ausgetauscht werden.
1 x lang, 1 x kurz	Schwer wiegender Fehler auf der Hauptplatine; tritt dies nach einer Übertaktung auf, diese zurücknehmen. Ansonsten bleibt nur Reparatur bzw. Austausch.
1 x lang, 2 x kurz	Problem mit der Grafikkarte, die Karte ist defekt oder sitzt nicht richtig im Slot.
1 x lang, 3 x kurz	Problem mit der Grafikkarte, RAM-DAC defekt oder Videospeicher fehlerhaft.
1 x lang, 4 x kurz	Defekter Time-Baustein.
1 x lang, 5 x kurz	Fehler im Prozessor.

7. Fehlermeldungen und Beepcodes

Beepcode	Bedeutung
1 x lang, 6 x kurz	Problem mit dem Tastatur-Controller.
1 x lang, 7 x kurz	Probleme mit dem Virtual Mode-Speichermodus.
1 x lang, 8 x kurz	Fehler im Videospeicher.
1 x lang, 9 x kurz	Fehlerhafte Prüfsumme im BIOS-ROM.
2 x kurz	Parity-Fehler beim Speichertest, Speichermodule sitzen nicht richtig, passen nicht oder sind defekt.
2 x kurz, 1 x lang	Problem mit der Grafikkarte (korrekten Sitz im Slot prüfen).
2 x lang, 2 x kurz	Probleme mit der Grafikkarte, Video-BIOS kann nicht gelesen werden, bzw. dessen Prüfsumme ist nicht korrekt.
3 x kurz	Fehler im Basisspeicher (die ersten 64 KByte); Sitz der Speichermodule und die Timing-Einstellungen prüfen. Ansonsten ist das Speichermodul möglicherweise defekt.
3 x kurz, 3 x lang, 3 x kurz	Arbeitsspeicher defekt.
4 x kurz	Der System-Timer funktioniert nicht korrekt. Möglicherweise ist die Batterie der Hauptplatine defekt, es kann aber auch am RAM-Speicher liegen. Eventuell ist die Hauptplatine defekt.
5 x kurz	Prozessorfehler, der Prozessor ist defekt oder vielleicht auch nur überhitzt (Temperaturen und Funktionsfähigkeit der Kühlung prüfen).
6 x kurz	Der Tastatur-Controller ist defekt.
7 x kurz	Der Prozessor hat einen Interrupt-Fehler erzeugt; Kühlung und Sitz des Prozessors überprüfen, eventuelle Übertaktung zurücknehmen, ansonsten Prozessor defekt.
8 x kurz	Fehler beim Zugriff auf den Videospeicher; Grafikkarte defekt oder nicht vorhanden, kann auch bei übertaktetem ISA-Bus auftreten.
9 x kurz	Die Prüfsumme des BIOS-ROM ist nicht korrekt, Hinweis auf defekten BIOS-Baustein oder fehlerhaftes BIOS-Update.
10 x kurz	Fehler beim Zugriff auf die BIOS-Daten, der CMOS-Chip ist defekt und muss ausgetauscht werden.
11 x kurz	Fehler im externen (L2-)Cache, bei älteren Hauptplatinen kann er ausgetauscht werden, bei neueren ist er fest verbaut, und es ist meist eine neue Hauptplatine fällig.
1 x lang hoch, 1 x lang tief	Schwer wiegender Prozessorfehler, Übertaktung ggf. zurücknehmen, sonst defekt.

Weitere Informationen zu Fehlermeldungen und Beepcodes speziell beim AMI-BIOS finden Sie unter *http://www.ami.com*.

Stichwortverzeichnis

Stichwortverzeichnis

Stichwortverzeichnis